**CRITICAL READING
IN MANAGEMENT FIELD**

Asking Questions
and Developing Hypotheses

如何阅读
管理学文献

提出科学问题
与构建理论

贾 明◎著

机械工业出版社
CHINA MACHINE PRESS

图书在版编目（CIP）数据

如何阅读管理学文献：提出科学问题与构建理论 / 贾明著 . -- 北京：机械工业出版社，2021.8（2025.6 重印）

（华章精品教材）

ISBN 978-7-111-68849-5

I. ①如…　II. ①贾…　III. ①管理学－文献分析－教材　IV. ① C93

中国版本图书馆 CIP 数据核字（2021）第 153784 号

本书旨在从如何提出问题和构建理论的角度出发，通过对管理学科中各研究领域的代表性研究成果进行解析，厘清其提出问题的思路和构建理论的基本逻辑体系，从而为我们开展学术研究提供指导。希望本书能为管理和相关学科的广大青年教师、研究生提升学术研究能力提供一定的帮助。

本书在文献选择上力求覆盖管理学科的主流研究方向，同时做到了以下几点：一是选取各研究领域的代表性学者发表在高水平期刊上的研究成果；二是尽可能选取近 10 年的研究成果以确保文献的时效性；三是所选文献的学术创新性突出，拓展了已有研究，发表后被广泛引用，产生了重要的学术影响；四是选择笔者相对熟悉的研究领域。基于这些标准，本书共收录 12 篇文献。

本书适合作为高等学校管理类专业高年级本科生、研究生的教材，也可作为科研院所相关领域研究者的参考读物。

出版发行：机械工业出版社（北京市西城区百万庄大街 22 号　邮政编码：100037）

责任编辑：李晓敏　　　　　　　　　　　　　　责任校对：马荣敏

印　　刷：固安县铭成印刷有限公司　　　　　版　　次：2025 年 6 月第 1 版第 6 次印刷

开　　本：185mm×260mm　1/16　　　　　　印　　张：12.25

书　　号：ISBN 978-7-111-68849-5　　　　　定　　价：50.00 元

客服电话：（010）88361066　68326294

前　言

　　无论是通过阅读文献发现已有研究中存在的不足，还是透过社会现象总结出研究问题，提炼科学问题都是一个锻炼自己思维能力的过程。学术研究并非脱离现实而存在，而是为解决现实问题服务的。党的二十大报告深刻阐述了习近平新时代中国特色社会主义思想的世界观和方法论，即"六个必须坚持"。其中，"必须坚持问题导向"，对学术研究来说也有很强的指导意义，学术研究要"聚焦实践遇到的新问题"。从社会真实存在的问题出发，熟读文献，可以帮助我们发现还有哪些问题没有得到解决，进而确定什么样的学术研究是对社会有意义、有价值的。

　　对文献的阅读积累、对制度背景的了解、对研究方法和工具的掌握构成了管理研究的三大支柱，三者相辅相成，缺一不可，缺少任一支柱都会导致研究工作无法独立开展。我们应该不断积累和刻意练习文献阅读技能，提升自己的研究能力，通过"量变"最终实现在研究中的"质变"。

　　就做研究而言，个人学术能力很重要，一个良好的心态也很重要。我们在做研究的过程中，难免会碰到各种各样的瓶颈，比如搜集数据非常困难，研究结束发表成果过程中也会遇到多次投稿被拒等困难，这时必须要有平和的心态和坚持不懈的毅力，才能保证不会因灰心丧气而放弃一项有意义的研究。

　　研究的本质在于发现事物间相互作用的规律，揭开规律形成的原因，建立逻辑关系，形成理论。好的理论具有强大的生命力，不仅能解释现实，还能很好地预测现实，从而指导实践。作为研究者，我们的任务就是提出科学研究问题，构建理论，做出理论贡献，提升我们对客观世界的认识。在这个过程中，学习和思考必不可少。

　　我在给研究生讲授方法论课程和指导科研过程中发现，学生普遍对研究的思维方式和理论构建的思路不熟悉，导致不能很好地提出科学问题和做出理论贡献。这些问题并不仅仅存在于研究生当中，很多青年教师也有这样的困惑。对我而言，虽然已从事科学研究工作多年，但是也会遇到类似的问题。通常，阅读高水平的期刊文献、学习高水平学者的研究思路是提升学术研究能力的必经之路。但是，对文献的吸收和理解因人而异，学习效果往往也存在差异。我在《管理研究的思维方式》一书中极力想解决的问题就是如何提出科学问题和构建理论。不过，该书涉及的内容比较广泛，结合文献学习提出科学问题和构建理论的例子较少，难以把要点讲透。

　　本书旨在从如何提出科学问题和构建理论的角度出发，通过解析管理领域的代表性研究成果，厘清它们提出科学问题的思路和构建理论的基本逻辑体系，指导读者进行"批判性"阅读，即带着思考和质疑去阅读文献，科学判断文献的理论贡献，找到现有理论缺口，从而为读者开展学术研究提供指导。本书是《管理研究的思维方式》的姊妹篇，旨在加深读者对其中的核心内容的理解，可以作为高水平期刊文献设计思路的学习指南和文献阅读课程的教科书。本书聚焦于学术研究中的问题提出和理论构建这两个最难、最核心的问题，通过解析高水平期刊论文来加深读者对相关知识点的理解。希望本书有助于管理及相关学科的广大青年教师、研究生提升学术研究能力。

　　本书在文献选择上力求覆盖管理学科的主流研究领域，同时做到了以下几点：一是选取各研究领域的代表性学者发表在高水平期刊上的研究成果；二是尽可能选取近 10 年的研究成果以确保文献的时效性；三是所选文献的学术创新性突出，拓展了已有研究，发表后被广泛引用，产生了重要的学术影响；四是选择笔者相对熟悉的研究领域。基于这些标准，本书共收录 12 篇文献。

　　本书的编写历时两年，是我与以下 9 名博士生经过多次研讨和修改才得以完成的。他们分别是：阮宏飞、向翼、邓伟、范聪聪、雷雪、杜永治、张思佳、房彤玥、孙鹤溪。其中范聪聪同学还协助我做了大量的统稿工作。在此，我对各位同学的辛勤付出表示感谢。作为本书的总负责人，由于个人能力有限，书中难免存在一些不足之处，请广大读者批评指正。

贾明

目 录

文献阅读的要点

本书旨在通过文献赏析巩固和强化《管理研究的思维方式》中的核心知识点，尤其是问题提出和理论构建这两个研究难题。《管理研究的思维方式》详细阐述了开展管理研究需要把握的要点，基本框架如图 0-1 所示。

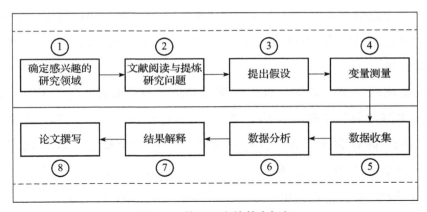

图 0-1　管理研究的基本框架

掌握管理研究流程

管理研究的起点首先是要找到一个"感兴趣"的研究领域；在确定感兴趣的研究领域之后，需要进一步细化，提炼出一个具体的研究问题，并能清晰地将其陈述出来，且提出的这个问题要有"意义"。学术研究的意义一般包括两个层面：一是理论意义（或学术上的意义），二是实践意义。理论意义是从理论角度而言的，这项研究做出来后对学术界是有贡献的，文章中所提出的观点是学术界没听过的，学者们都认可这项研究创造了一个新的知识（new knowledge）。创造新的知识就是理论贡献，也就是这项研究的学术价值。而要达到这一要求，就需要阅读文献，进而还要能通过文献综述总结出现有研究中的文献缺口（literature gap）。

提出有意义的研究问题以后，接下来要做的就是建立理论框架和提出假设。例如，针对"高管薪酬如何影响企业履行社会责任"这一问题，为了构建分析这个问题的理论框架并提出假设，就要根据自己的理解、逻辑和论据去论述高管薪酬的不同是如何影响企业履行社会责任的。这里，我们会提出若干理由进而推断高管薪酬与企业履行社会责任之间是正相关的，这就是"高管薪酬"和"企业社会责任"之间关系的一个假设（hypothesized relationship）。然后，我们用一个框架图表示这一假设关系，就构成了理论框架图（例如，高管薪酬→企业社会责任）。

从问题提出（第二步）到构建理论框架和提出假设（第三步）之间有一个核心要点，就是要把支撑假设关系的潜在机制（mechanism）论述清楚，进而要让读者理解、接受、认可这里的解释是有道理的、符合逻辑的。这是构成理论贡献的前提条件。理论贡献就是我们能有逻辑地去解释假设中所提出的概念之间的关系，能将概念之间的因果关系的发生机制说清楚，这就是一篇管理学论文可能创造的理论贡献所在。

假设提出后，接下来就是收集数据去验证、检验假设。为了验证假设，首先就要给出测量假设中提到的那些概念（concept）的方法。例如，怎么测量上例中提到的"高管薪酬"和"企业社会责任"这两个概念？这时就需要将概念等价转换成可以测量的变量（variable），即对假设中提到的概念进行操作化（operationalization），从而给出明确的变量测量方法（measurement）。这也是研究设计环节最为重要的一项工作。

当研究工作推进到"变量测量"这个环节后，我们会发现之前的工作都停留在理论层面，关注的是剖析概念之间的逻辑关系。而在进入概念操作化环节并设计测量方法后，研究工作就转向关注可测量的变量之间的关系（实证检验）。

概念操作化的方法确定以后，就到了数据收集环节，这就要求能用恰当的方法收集数据。常用的数据收集方法有问卷调研、二手数据实证研究和实验室实验等。这些具体的数据收集方法也是相应研究方法课程的主要内容。

对数据进行分析也是开展管理研究必备的技能。对很多初学者而言，研究工作往往会卡在这个环节，这是很不应该的。在开展数据分析的过程中，需要熟练地掌握计量方法和运用计量分析软件进行数据分析，并要懂得一些必要的统计学知识。用数据分析所得的结果对假设进行检验，看它有没有支持理论分析时所提出的假设，如果数据分析的结果没有支持假设，那就需要回过头去检查数据分析是否出了问题，理论推导是否存在问题，从而不断对数据分析或理论进行修正；如果数据分析的结果支持假设（当下还很难发表数据分析的结果完全没有支持假设的研究），那么下一步就可以进入论文撰写、修改和投稿环节。

论文撰写实质上就是对以上各步骤研究工作的汇报、总结。当然，一篇高水平的论文也是需要通过不断学习和打磨来写就的。

阅读文献搭建 ABC 框架

管理研究的流程中可能比较难的是第二步（提出问题），即从一个大的研究领域里发掘出一个具体的、有价值的研究问题。

当确定一个兴趣点后，还要经过深入思考以提炼出一个有价值的研究问题，尤其是当有了足够的文献积累之后，根据兴趣点来确定研究问题就是水到渠成的事情。然而，实际做起来并不容易，很多时候都会因为提不出具体的研究问题而导致研究止步不前。这里可以运用"ABC 框架"来帮助选择、确定研究的具体问题。

所有管理研究都可以归集为两大类：有关前因的研究、有关后果的研究，也就是研究某一行为（behavior，B）产生的前因（antecedents，A）或后果（consequences，C），这就是 ABC 框架。当我们确定一个研究兴趣点，也就是这里的"B"以后，接下来就可以考虑是研究前因"A"还是后果"C"，从而缩小选择范围。进一步，在前因"A"或后果"C"的研究中也有一个可以参考的模板帮助确定具体的切入点。例如，如果关注的是某个前因"X"的影响，那么很自然就可以确定研究的问题是：前因 X 如何影响行为 B？如果关注的是后果 Y 是如何产生的，那么研究的问题就是：行为 B 如何影响 Y？这样，就很容易确定一个研究问题。第 1 章剖析的文献《语言与竞争：沟通模糊性、解读难度和市场进入》（"Language and Competition: Communication Vagueness, Interpretation Difficulties, and Market Entry"），就是一篇利用 ABC 框架提出有价值的研究问题的范文。

随后，就要确定研究哪个前因或分析哪个后果是有价值的问题。这里，可以结合研究问题选择的重要性、新颖性和可行性三个标准进行判断。通过大量阅读文献就可以套用 ABC 框架对已有研究做个总结，进一步采取排除法来确定研究问题。如果我们知道已有研究都研究了哪些前因 X 和哪些后果 Y，并结合自己对现象的分析和思考发现忽略了某个前因 X 或后果 Y，那么，针对这些新的因素的研究所提炼出的问题就很可能满足重要性、新颖性和可行性这三个标准，从而确定一个有价值的研究问题。

批判性思维和提炼研究问题

在 ABC 框架中，当我们找到一个感兴趣的研究领域（如有关 B 行为的研究）时，可以将已有关于 B 行为的研究分成若干模块，如图 0-2 所示，通过文献阅读可以获得相关知识从而不断地去填补图上的细分区域，填补上的区域就是我们已知的世界（既有知识，如图 0-2 中 A 区域所示），而剩余的就是还需要探索的未知领域（如图 0-2 中 B 区域所示）。

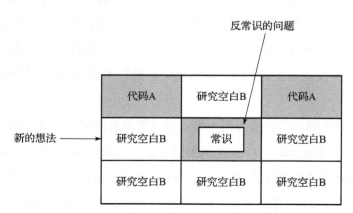

图 0-2　选择有价值的研究问题

特别地，可以通过填补"空白点"和回答"反常识"的问题做出有价值的研究。一方面，有价值的研究可以是"填补空白"，即开拓一个未知的领域，做出开创性的研究。第 2 章剖析的文献《信息管理：公司行为和行业溢出效应对媒体报道不道德行为的影响》（"Managing the Message: The Effects of Firm Actions and Industry Spillovers on Media Coverage Following Wrongdoing"），就是一篇找到一个理论研究上的空白点的范文：以往研究都是从 A → B，该研究则提出研究 B → A 的影响。另一方面，有价值的研究也可以是反常识（counter-intuitive）的，即提出与大家默认的知识（常识）相反的观点。提出反常识问题的一个简单方法就是：当我们了解到某个常识性的观点时，就要习惯性地反问一句，真的是这样吗？比如，已有研究都在讲 A 跟 B 之间是正相关的，那么我们就可以提出一个相反的观点：A 跟 B 之间不一定是正相关的，在某个条件下它们是负相关的。第 3 章剖析的文献《政治关联令企业与政府疏远还是亲近？关于中国企业慈善捐赠的研究》（"Do Political Connections Buffer Firms from or Bind Firms to the Government? A Study of Corporate Charitable Donations of Chinese Firms"）和第 4 章剖析的文献《好企业为什么做坏事？高预期、高期望和高知名度对公司违法行为的影响》（"Why Good Firm Do Bad Things? The Effects of High Aspirations, High Expectations, and Prominence on the Incidence of Corporate Illegality"），都是利用反常识思维来提出研究问题的范文。

这里需要特别注意的是，如果把特定情景因素（不同的条件或环境）纳入 ABC 框架中，就更容易挖掘出反常识的问题。实际上，这就是对已有研究的一个有效拓展，提供了新的知识。

正确认识"文献阅读"的重要性

阅读每篇文献时，要重点关注以下六个方面的信息：一是文献写给谁看，二是我们知道什么，三是我们不知道什么，四是这会有何影响，五是文献如何解决这一问题，六是文献的贡献在哪儿。文献阅读很重要，可以起到以下四个方面的作用。

（1）找到现有理论的缺口。我们带着研究问题阅读文献，但是发现现有文献给出的解释没办法很好地回答我们所关心的问题，那么这时就出现了文献缺口，或者理论上的不足（theoretical gap）。研究这一问题就很有可能做出有价值的贡献，主要体现在把这个缺口或不足弥补上。我们要做的工作就是对现有研究的一个逻辑延伸（logical extension），即结合现有文献，利用我们自己构建的逻辑（理论）搭建一座桥梁来建立概念之间的关系，回答所关注的问题，从而填补理论上的不足，这就是做研究的根本目的。

（2）搭建逻辑桥梁的路径。通过阅读文献，理解已有相关研究的逻辑和观点，将已有研究成果与我们所构建的理论之间的关系梳理清楚，并按照一定的逻辑方式串起来，即做到所构建的理论是在已有研究基础上进行的拓展，从而有效搭建起符合逻辑的桥梁，清晰地解释概念之间的关系。

（3）实证研究的可重复性。文献阅读的一个目的就是掌握已有研究对某一重要关系的研究现状和研究方法，从而保证所开展的研究是对已有研究的拓展，并与已有研究具有可比性。

（4）加入学术圈子。作为一位学术研究新人，要先做好定位，弄清楚我们做研究写论文到底主要与哪个学术圈、哪些学者交流，这非常重要。通过阅读文献和不断积累，慢慢也就能弄清楚同行都有谁，他们关心什么问题，从而激励自己努力把研究做好，获得同行的认可。

挖掘文献中构建理论和提出假设的思维路径

文献阅读是初学者掌握如何构建理论和提出假设的一个重要途径。反复研读文献，才有可能提炼、总结和汲取文献中的精华。本书旨在通过分析示例文献来说明作者如何构建理论和提出假设，具体包括以下三个方面的内容。

（1）搭建理论框架，提炼文献中的概念并画出概念之间的理论框架图。构建理论框架就是将概念之间的关系以框架图的形式清晰地呈现出来。要想构建一个理论框架，首先要把研究问题抽象成若干个概念，然后把这些概念之间的关系用框架图的形式画出来。一个最简单的理论框架就是在概念 A 指向概念 B 的箭头上标上正号、负号或其他符号等（见图 0-3）。

（2）提炼理论及其解释机制和逻辑链条。构建理论（theory）是对所提出的概念之间的因果关系给出符合逻辑的解释。而逻辑解释中最核心的就是构建一套传导机制来说明前因如何影响后果，即解释因果关系时所提出的内在机制（underlying mechanism）。例如，一个简单的解释机制或逻辑链条就是概念 A 通过内在机制 M 传导影响概念 B（见图 0-4）。

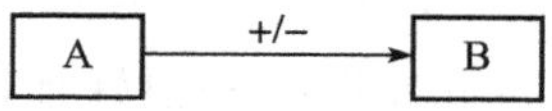

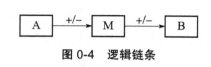

图 0-3　A 与 B 之间关系的概念框架

图 0-4　逻辑链条

需要特别注意的是，在总结文献的逻辑解释过程中，需要带有批判性思维，反复推敲文献中的论据是否合理且具有说服力。在本书的文献赏析中，我们坚持批判性原则，对每篇文献所提出的解释机制都做了点评。

（3）发掘逻辑链条中的潜在假设。通常，在理论构建中，学者都会通过引入特定的调节变量来增强理论的可靠性。这里需要认识到任何一套解释机制都有其潜在假设和前提条件，即逻辑链条中每个环节所引证的论据都是在特定条件下才成立的。那么，如何进一步提高自身所提出的理论解释的可靠性，让读者信服自己的理论呢？这就需要去探讨在放松这些潜在假设后这一解释机制是否依然成立。第 5 章剖析的文献《国有企业的跨国并购：合法性问题如何影响并购的完成和持续时间？》（" Cross-border Acquisitions by State-owned Investors: How Do Legitimacy Concerns Affect the Completion and Duration of Their Acquisitions?"），就是一篇通过放松潜在假设构建理论的范文。

　　这里的基本原理在于：如果所提出的解释机制是可靠的，那么在不同的情景下，其应该依然发挥作用，只是发挥作用的强度不同。这也是引入情景因素（调节变量）的目的所在，即增强理论的可靠性，进一步完善现有理论。因此，引入一个新的调节变量是学者构建新理论和做出理论贡献的一种典型方式。比如，已有研究发现 X 和 Y 的关系存在不一致的情况，它们的关系时而为正时而为负，时而增强时而减弱，时而存在时而消失，这个时候就是引入调节变量的最佳时机，由此可以清晰地展示自变量与因变量之间在何时、存在怎样的关系。第 6 章剖析的文献《企业慈善捐赠和企业财务绩效：利益相关方响应和政治准入的作用》（" Corporate Philanthropy and Corporate Financial Performance：The Roles of Stakeholder Response and Political Access"），就是一篇通过引入调节变量来构建理论的范文。

　　另外，也不乏对同一问题的分析过程中出现相互矛盾的解释机制（即竞争性解释机制）。这时也可以通过引入调节变量，探索究竟是哪个机制在发挥作用。第 7 章剖析的文献《利益相关者保护还是侵占？目标方社会责任对并购方并购公告市场反应的影响》（" Stakeholder Preservation or Appropriation? The Influence of Target CSR on Market Reactions to Acquisition Announcements"），就是一篇通过甄别竞争性解释机制来做出理论贡献的范文。

　　当我们在文献阅读中能够完成上述三个方面的分析时，就意味着有效地读懂了文献中的精华部分，即弄清楚了在解释文献中关注的因果关系是什么样的理论机制在发挥作用，这也是这篇文献贡献的新知识。梳理文献中的理论和解释机制有助于我们准确把握文献的理论贡献以及其中存在的不足，为后续进一步的研究奠定基础；更重要的是，文献阅读能够帮助我们学习和掌握构建理论的方法，用更科学的思维和路径去构建理论机制。

理论视角选择

　　理论视角是分析问题的出发点。在分析一个问题时，虽然要构建自己的理论，但是也不能凭空乱想，必须得有一个视角或出发点。通常，选择理论视角就是借鉴前人所构建起来的理论体系去分析问题。这样做的好处有以下几点。

　　第一，这些已有理论是经过学术界广泛讨论而被认为是逻辑完备的解释体系，并能对现实世界进行很好的解释。当运用这些已有理论作为研究的参照时，就可以节省很多精力，不需要再去解释已有理论所阐述过的关系，因此，这些理论就构成了我们研究和认识新事物的起点。例如，当用代理成本理论解释政治关联和公司捐款之间的关系时，就无须再去阐述为何公司中会有代理冲突问题，包括CEO为何是代理人，代理人为何会侵占委托人的利益等，只需言明：从代理成本理论角度看，CEO会运用公司资源谋取私利，由于慈善捐款能够提升CEO的社会声誉，故而也会成为CEO攫取个人私利的手段而推动公司捐款……这样，在解释因果关系的逻辑链条上的某个环节时，就会有一些普遍接受的论据（理论）作为支撑，有利于提高新构建的解释机制的解释力。

　　第二，用已有理论来构建一个新问题的解释机制，自然就形成了一定的学术交流基础。根据对同一理论的认识和理解来吸收我们提出的新的逻辑关系，有助于提高大家对新的解释机制的认可度。例如，认可代理成本理论的学者就很容易接受具有政治关联的高管为了谋取私利而会推动公司捐款，即接受公司捐款也是一种代理成本的观点。

　　第8章剖析的文献《距离会影响跨国公司在东道国履行社会责任吗？》（"Multinationals and Corporate Social Responsibility in Host Countries: Does Distance Matter?"）分析如何借用多理论视角来构建假设。

学习文献中的概念操作化方法

　　概念操作化是研究设计中的重要模块，即将概念转化成变量，以便进行数据分析、验证假设。在构建理论时，基于概念间的逻辑关系，构建解释机制来提出假设。为了保证理论研究的普适性（generalizability），假设是建立在概念之间的关系上的。

在实证分析过程中，我们并没有办法直接去检验概念层面的关系，而需要对概念进行操作化（operationalization）处理，将概念转换成可以测量的变量。具体来说，要想检验概念层面 concept A → concept B 的关系，实际上就转化为检验变量（variable）层面 variable A → variable B 之间的关系，然后通过数据分析来检验这两个变量间的关系，进而推断概念间的假设关系是否成立（见图 0-5）。在这个操作化的过程中，特别重要的是：首先，只有精确地定义概念，才能有效地去测量；其次，必须保证概念的含义与对概念操作化后定义的变量的含义之间是等价的。

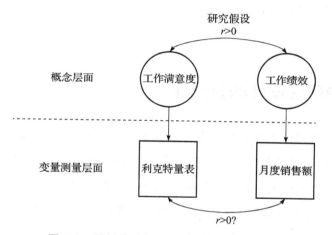

图 0-5　假设检验与变量间关系的等价转换

注：r 为相关系数。

这里有一个重要的概念操作化思想就是三角测量，即用两个或多个不同的概念操作化方法去测量同一个概念，从而提高概念操作化的可靠性。例如，第 9 章剖析的文献《敢与众不同？中国企业社会活动的合规性与差异性及其市场反应》（"Dare to be Different? Conformity vs. Differentiation in Corporate Social Activities of Chinese Firms and Market Responses"）就指出该文将一个原有的概念进行细分，提出了一些新的概念，并给出可靠的操作化方法。

实证研究中的两层等价关系

做实证研究时，一般是不可能在总体（population）层面上开展研究的（可能是因为总体数据获得的成本太高、耗时太长等），而都是通过抽样的方法选取样本进行统计推断。实际上，我们做的很多实证研究都是基于抽样样本进行数据分析，从而得到变量间的关系，据此反推认为总体上存在这一关系，然后基于这一总体上的关系去判断概念层面所假设的关系是否成立。如图 0-6 所示，这个过程中需要保证两层等价关系成立：第一，抽样样本的特征能够代表总体的特征；第二，变量的含义能够代表假设中概念的含义。但凡有一步出错，整个实证研究都会被否定。

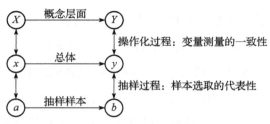

图 0-6   实证研究的两层等价转换

探究文献中研究设计的有效性

在确定和评价何种数据收集方法（如实验室实验、二手数据实证研究和问卷调研等）更为合适的时候，主要关注两个维度：内部有效性和外部有效性（见图 0-7）。显然，一项好的研究需要兼顾内部有效性和外部有效性，但在现实中很难兼顾，故而，我们在做研究时需要综合考虑可行性和成本因素后在内部有效性和外部有效性之间找到一个最佳的平衡。单纯地使用问卷调研、二手数据实证研究、实验室实验等方法去开展研究都存在一些有效性方面的问题：不是欠缺内部有效性，就是欠缺外部有效性。最佳的研究方法是现场实验，它能够兼顾内部有效性和外部有效性。然而，开展现场实验有时是可遇而不可求的，或因成本很高而不现实。那么，一些替代的方式就是"实证 + 实验"的方法、自然实验方法等，以实现内部有效性和外部有效性的互补，从而提高研究的科学性。

学术研究中总是存在不完美之处，如何优化研究设计，实现内部有效性和外部有效性的平衡，进而提高研究的科学性，是我们要努力追求的目标。例如，第 10 章剖析的文献《通过在线视频宣布财务重述：对投资决策的影响和信任的中介作用》（"Using Online Video to Announce a Restatement: Influence on Investment Decisions and the Mediating Role of Trust"），就重点评价了在用实验方法检验理论假设时的优点和不足。

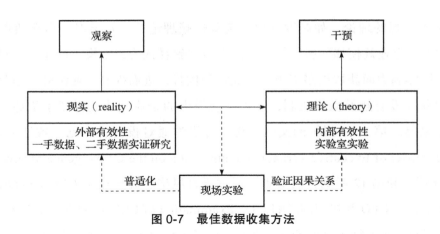

图 0-7 最佳数据收集方法

把握事物发展的内在规律

管理研究工作的本质在于探求因果关系，特别强调构建理论，建立起揭示概念间因果关系的逻辑机制，从而把概念间的内在关系说清楚。例如，我们做一个公司层面的研究，分析国企和企业规模如何影响公司利润。但我们要理解，任何高层次的因素最后都会因为影响到具体人的行为才能产生作用效果，也就是说，人类社会所有的变化最终是由人及人与人之间的交互影响所累积产生的。从这一点出发，国企的背景、企业规模等公司层面或更高层面（社会、区域、行业）的因素本身并不能直接影响企业的绩效（或行为），都一定是先作用到企业中的关键个体身上，影响到这些个体的认知、判断和行为决策，而后个体行为聚合的结果就表现为更高层面（如公司层面）的变化。这就是本书特别强调的微观机制，也是构建理论、验证理论的核心。这在学术界有个形象的说法——"澡盆理论"（Coleman，1990），如图 0-8 所示。

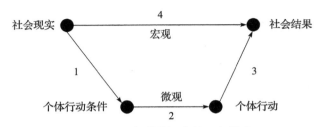

图 0-8 社会科学解释的一般模式

资料来源：COLEMAN J S. The Foundations of Social Theory [M]. Cambridge, MA: Harvard University Press, 1990.

当前很多管理研究尚停留在表面，研究的都是高层概念之间的关系，用的都是非常宏观的理论，如制度理论、资源依赖理论等，缺乏对于微观机制的关注。例如，企业规模如何影响绩效？已有研究解释认为，规模大的企业因具有更大的市场影响力而获取更多资源，形成竞争优势，进而提高企业绩效。但是，这样的解释并没有触及微观机制，如为何规模大的企业就能获得竞争优势，优势从何而来等。第 11 章剖析的文献《高管言语沟通对投资者意见一致性的影响》（"The Impact of Executive Verbal Communication on the Convergence of Investors' Opinions"）和第 12 章剖析的文献《通过语言风格匹配来验证 CEO-CFO 的社会交互作用：对 CFO 和组织的影响》（"Examination of CEO-CFO Social Interaction through Language Style Matching: Outcomes for the CFO and the Organization"），则围绕分析微观层面的行为交互及其内在机制来构建理论，并采用巧妙的研究设计开展实证研究。

接下来，本书将逐一介绍收录的 12 篇文献，重点说清楚每篇文献的选题为何重要以及理论机制如何构建这两个问题，并结合每篇文献的特点有侧重地进行赏析和点评。

第 1 章

基于 ABC 框架提出有价值的问题

【文章题目】 《语言与竞争：沟通模糊性、解读难度和市场进入》（"Language and Competition: Communication Vagueness, Interpretation Difficulties, and Market Entry"）

【文章作者】 郭巍（Wei Guo），香港理工大学（Hong Kong Polytechnic University）；于铁英（Tieying Yu），波士顿学院（Boston College）；哈维尔·希梅诺（Javier Gimeno），欧洲工商管理学院（INSEAD）

【文章来源】 *Academy of Management Journal*，2017，60（6）：2073-2098（UTD24）

【文章概要】 潜在竞争者进入某一市场后会对市场中的既有企业形成较大的冲击，争夺市场份额。已有关于企业间竞争的文献主要关注经济因素在企业间竞争中的作用，很少有研究关注非经济因素如战略性语言使用策略在竞争中如何发挥作用。

　　基于企业间竞争和战略性沟通的文献,该研究发现:在某一目标市场中,当既有企业的管理者感到强烈的外来者进入威胁时,他们更可能使用模糊的语言策略进行对外沟通以增加企业战略和行动被竞争者识别的难度。具体而言,从竞争动机来看,目标市场的盈利能力越强,越可能吸引更多的企业进入该市场,从而增加既有企业管理者感知到的市场竞争威胁;从竞争能力来看,目标市场的潜在进入者(即具备生产相似产品或提供相似服务的企业)越多,既有企业管理者感知到的市场竞争威胁越大。这两个因素都会增加目标市场中既有企业管理者使用模糊性语言进行对外沟通的频率。

　　进一步研究发现,模糊性语言沟通策略通过延长市场进入决策时间和增加感知到的市场进入风险,来增加潜在竞争者的市场进入决策难度而降低了其进入该市场的可能性。同时,潜在竞争者对目标市场的关注度越高,使用模糊性语言沟通策略阻止竞争者进入市场的作用越强。

　　【点评】该研究的亮点在于同时验证了模糊性语言沟通策略的前因和后果。参考《管理研究的思维方式》一书 2.3 节,该文献首先研究模糊性语言沟通策略这一行为(behavior)的前因(antecedents):市场盈利能力和潜在进入者数量。同时,为了验证作者在前因中的潜在假设(即模糊性语言沟通策略能够阻止竞争者进入目标市场),文献进一步研究了使用模糊性语言沟通策略的后果(consequences):市场进入可能性。该文献是一篇运用 ABC 框架选择研究问题的模板论文。

1.1　研究背景

1. 写给谁看

　　该研究写给关注企业沟通策略、企业间竞争和市场进入的相关学者及企业家。

　　【点评】该文献开篇摘录 1995 年 6 月 30 日《航空日报》(*Aviation Daily*)中美国西南航空公司(Southwest Airlines)董事长赫布·凯莱赫(Herb Kelleher)被问及关于“公司未来战略”时的回复:“未来新的机遇是存在的,但是在竞争激烈的航运行业又是非常有限的。”从回复中,我们会发现凯勒赫使用了模糊性语言,并没有阐述公司未来战略的细节。文献进一步提到,模糊性语言是企业沟通中常用的策略, 尤其在面临激烈的市场竞争时。由此可见, 该研究主要关注企业沟通、市场竞争方面的话题。

2. 我们知道什么

现有关于市场竞争和企业战略的研究重点关注经济动机 (economic motivations) 在企业实施和应对市场竞争中的作用。例如, 研究发现, 在经济价值大的市场中企业管理者有强烈的动机去应对市场竞争。还有一些研究关注企业资源和能力在企业参与市场竞争中的重要作用。例如, 研究发现, 企业的竞争能力与其拥有的资源密切相关, 企业拥有的资源越多, 竞争能力越强。

3. 我们不知道什么

虽然已有研究证明经济因素在企业竞争中的重要作用, 但是很少有研究关注非经济因素的作用, 如竞争对手 (竞争企业) 之间对外沟通以及对竞争对手公开信息的解读在市场竞争过程中如何发挥作用。很少有学者关注这一问题, 即在企业对外沟通时使用某种特定的语言技巧 (如模糊性语言) 如何影响对手的竞争性行为。

【点评】作者发现, 之前有关企业间竞争的研究主要关注经济因素的作用, 而经济因素的反面就是非经济因素, 那么非经济因素 (如使用某些语言技巧对外沟通) 是否也会在企业间竞争中起到作用, 这使得企业间竞争的研究从经济因素扩展到非经济因素, 很好地使研究问题的重要性、新颖性凸显出来, 给人眼前一亮的感觉。这也是一个很好的示范, 即从研究空白入手寻找有价值的研究问题。

4. 这会有何影响

现有研究主要关注了经济动机 (如市场的经济价值、企业的资源和能力) 如何影响企业间的竞争行为。然而, 如果没有检验非经济动机 (如企业战略性沟通) 能否以及如何影响企业间的市场竞争行为便会使得该领域的研究不完善, 也不能为企业家使用或解读战略性语言提供有效指导。

5. 如何解决这一问题

模糊性语言 (vague language) 是指通过选择语言表达方式使得沟通的内容更

加不准确或难以解读（Channell，1994）。例如，使用"可能""大概""也许""几乎""有时"等模糊性词语，会增加沟通内容的不确定性。该研究之所以关注语言模糊性是因为这样的语言增加了竞争对手解读与其制定竞争策略有关的信息的难度。现有关于动态竞争的文献主要认为，当企业关注到竞争对手的经营策略时会实行相应的应对措施。但是，社会认知方面的研究认为有效的应对行为需要满足关注度（attention）和解读能力（interpretation）两个条件。因此，该研究认为既有企业使用模糊性语言对外沟通增加了竞争对手对这些信息的解读难度而影响其竞争策略。

整体而言，该研究重点关注企业战略性语言使用中的"模糊性语言"如何影响竞争对手的市场竞争行为。具体而言，研究两个问题：①在什么情况下，企业管理者更可能使用模糊性语言进行对外沟通（即 A → B，关于前因的研究）？②模糊性语言策略的使用如何影响竞争对手的行为，如市场进入策略的选择（即 B → C，关于后果的研究）？

市场进入是企业的重要战略决策。潜在进入者在决定是否进入某市场之前，需要评价市场环境和既有企业的优势及劣势。对市场中的既有企业而言，由于新的进入者会与其争夺市场份额而产生威胁，因此，在理论上，潜在进入者的威胁程度会增加既有企业使用模糊性语言的动机。更进一步，既有企业使用模糊性语言增加了潜在竞争者的信息解读难度而很可能会阻止竞争者进入该市场；同时，模糊性语言对市场竞争者进入市场的影响会在竞争者对既有企业或目标市场关注度高的时候更有作用。

6. 贡献在哪儿

完成以上研究工作，该研究的主要贡献表现在以下几方面。

（1）首次系统验证了模糊性语言沟通策略在市场竞争中的作用。现有研究已经发现语言和沟通在企业间竞争中发挥的作用，然而很少有学者研究特定语言的使用如何影响竞争者的行为并探讨中间的情景因素，但该研究解释了战略性使用模糊性语言的前因以及市场中既有企业使用模糊性语言对外沟通对竞争者进入该市场的影响。

（2）通过证明模糊性语言沟通在竞争过程中的作用而对竞争信号理论提出挑战。竞争信号理论强调公司明确（explicit）或具有侵略性（aggressive）的沟通能够阻止竞争对手的侵入（例如，Heil 和 Robertson，1991；Moore，1992；Porter，1980）。然而，公司往往面临多重利益相关者（如投资者、客户、监管者、竞争者等），他们不同的利益诉求使得管理者不愿意使用明确的语言进行沟通。例如，对竞争者的敌对行为可能会导致监管者或客户的不满。该研究通过证明既有企业管理者使用模糊性语言沟通技巧来增加竞争对手的信息解读难度而阻止竞争对手的进入，扩展了竞争信号理论的相关研究。因此，公司除了使用明确、具有侵略性的语言沟通策略外，还可以使用模糊性语言沟通策略。

（3）该研究将战略性沟通的作用拓展到企业间竞争的情境中。越来越多的文献表明公司把语言使用策略当作利益相关者管理的一种工具（Gao、Yu、Cannella，2016），但是很少有研究讨论语言策略的使用如何影响竞争者的行为。该文献通过研究市场竞争情境下模糊性语言使用的前因和后果从而拓展了有关战略性沟通的研究。

1.2　理论构建

1. 概念模型与研究假设

该研究共提出 5 个假设，理论框架如图 1-1 所示。

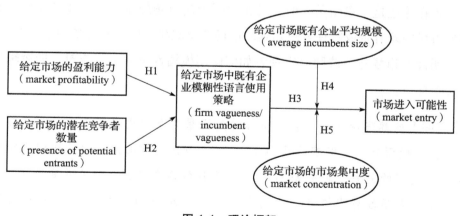

图 1-1　理论框架

该研究提出的假设如下。

（1）H1：公司处于高盈利市场时更可能使用模糊性语言。

（2）H2：公司所处市场的潜在竞争者更多时更可能使用模糊性语言。

（3）H3：给定市场中既有企业使用模糊性语言与潜在竞争者进入该市场负相关，即给定市场中既有企业的模糊性语言策略能够阻止潜在竞争者进入该市场。

（4）H4：给定市场中既有企业的平均规模越大时，既有企业模糊性语言使用策略对潜在竞争者进入该市场的阻碍作用越大。

（5）H5：给定市场的集中度越高时，既有企业模糊性语言使用策略对潜在竞争者进入该市场的阻碍作用越大。

2. 模糊性语言使用策略的前因（假设 H1 和假设 H2）

该研究提出两个影响管理者使用模糊性语言策略的前因（给定市场的盈利能力和潜在竞争者数量），其内在机制为二者均能够增加市场中既有企业管理者感知到的市场竞争威胁，进而采取模糊性语言策略进行应对。二者的不同之处在于：市场盈利能力体现的是市场对竞争者的吸引力，激发竞争者进入市场的动机；潜在竞争者数量体现的是市场中有多少具有竞争能力的公司。其逻辑链条如图 1-2 所示。

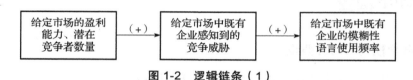

图 1-2　逻辑链条（1）

作者在论述这一逻辑关系时，首先说明给定市场的盈利能力和潜在竞争者数量增加市场中既有企业管理者感知到的市场竞争威胁，即逻辑链条的第一个环节，随后说明面对市场竞争威胁时管理者如何使用模糊性语言进行应对，即逻辑链条的第二个环节。

【点评】构建理论的核心在于解释清楚因果关系的逻辑链条上每个环节的逻辑关系。一般而言，我们都习惯构建 A → M → B 这样的最简单的逻辑机制来解释 A 与 B 之间的关系，其中 M 就是 A 影响 B 的内在机制。为了说清楚这一逻辑关系，我们需要就逻辑链条上的两个环节，即 A → M 和 M → B 分别进行解释说明，这个过程中就需要结合已有文献提供可靠的论据来进行论述。该研究也是如此。

（1）给定市场的盈利能力、潜在竞争者数量→给定市场中既有企业感知到的竞争威胁。作者首先分析市场盈利能力和潜在竞争者数量如何影响既有企业管理者感知到的市场竞争威胁，即链条的第一个环节。

潜在竞争对手进入目标市场是企业面临的众多威胁中重要的一个方面。新的市场进入者会带来新的产能、实质性的资源投入并会抢占市场份额，使得既有企业的管理者有很强的动机打压潜在对手进入同一市场。研究发现，市场中既有企业的管理者感知到的竞争压力与竞争对手的动机和能力密切相关。因此，该研究选取"市场盈利能力"（市场吸引力）和"潜在竞争者数量"两个因素来研究其对管理者感知到的市场竞争威胁的影响。

一是市场盈利能力（市场吸引力）。已有研究认为既有企业的管理者感知到的竞争威胁程度与目标市场对潜在进入者的吸引力有关。潜在进入者在评估某一市场的吸引力时，通常使用目标市场当前的盈利能力来预测未来的盈利能力，而其更倾向于进驻高盈利的市场分一杯羹。例如，生物科技公司的管理者更可能进入具有盈利前景的产品市场。因此，在具有高盈利能力的市场中，既有企业的管理者会面临潜在进入者更多的竞争威胁。

二是潜在竞争者数量。潜在进入者（potential entrants）是指尚未进入某一市场但是有资源和能力生产该市场相似产品的企业。其对既有企业产生较大的威胁，如影响既有企业的定价策略等。由此可见，市场中潜在进入者的数量越多，对既有企业产生的竞争威胁越大。

（2）给定市场中既有企业感知到的竞争威胁→给定市场中既有企业的模糊性语言使用频率。市场竞争威胁如何影响模糊性语言使用策略是逻辑链条的第二个环节，基本逻辑如下：由于模糊性语言能够增加竞争对手解读其他公司战略和经营情况的困难程度，因此当市场中既有企业的管理者感到潜在的市场竞争威胁时会在对外沟通的透明度和模糊度之间进行权衡，并试图通过这一策略阻止市场竞争者进入该市场。当管理者感到更多的竞争威胁时，其更可能使用模糊性语言沟通策略而不是明确的语言沟通策略。

故而，作者提出该研究的假设 H1 和假设 H2（模糊性语言使用的前因）。

假设 H1：公司处于高盈利市场时更可能使用模糊性语言。

假设 H2：公司所处市场的潜在竞争者更多时更可能使用模糊性语言。

3. 模糊性语言使用策略的后果和边界条件

如上所述，某一市场中既有企业管理者在感到竞争威胁时，更倾向于使用模糊性语言沟通策略，其意图是阻止潜在竞争者的进入。那么，这一沟通策略能否起到作用，即模糊性语言能否减少潜在竞争者的市场进入行为呢？

（1）给定市场中既有企业的模糊性语言使用频率→潜在进入者的决策难度。市场进入是公司的重大战略决策，其涉及重要的资源投入且可能发生成本难以收回的风险，因此在决定是否进入某一市场时，潜在进入者更希望了解既有企业的优势和劣势并寻找获取市场份额的机会。只有当潜在进入者认为相对既有企业有竞争优势并能获得预期的市场收益时才会选择进入该市场（Porter，1980）。

为了解释既有企业的模糊性语言如何影响潜在进入者的决策，作者提出如图 1-3 所示的逻辑链条，其核心是认为模糊性语言增加了进入者的决策难度，故而降低了其进入市场的可能性。

图 1-3　逻辑链条（2）

（2）给定市场中既有企业的模糊性语言使用频率→潜在进入者的决策难度。作者首先解释逻辑链条的第一个环节。竞争对手在评估其相对既有企业是否有竞争优势时会依赖其获取的相关信息，如果既有企业的相关信息越模糊，越能增加市场潜在进入者的市场进入决策难度（即图 1-3 中逻辑链条的第一个环节）。

首先，既有企业模糊性语言延长潜在进入者的决策时间进而增加其决策难度。当决策相关的信息比较模糊时，识别重要决策因素需要更长时间，导致决策更慢。另外，模糊性语言容易产生多种解读，导致决策制定者产生多种不同的甚至是冲突的预测结果，较难达成一致意见。

其次，既有企业的模糊性语言可能增加进入该市场的潜在风险，从而增加潜在竞争者的决策难度。潜在竞争者是否进入一个新市场往往同时评估多种备选方案，如推迟、放弃、进入另外一个不同的市场，模糊性语言增加了潜在进入者感知到的不确定性，使得他们较难去评估市场进入风险。

（3）潜在进入者的决策难度→潜在进入者的市场进入可能性。至于逻辑链条的第二个环节，这是显而易见的，如果潜在进入者很难制定决策，那么自然也就降低了其进入该市场的可能性。因此，市场中既有企业的模糊性语言使用得越多，潜在竞争者进入该市场的可能性越小。基于以上论述，作者提出如下假设。

假设 H3：给定市场中既有企业使用模糊性语言与潜在竞争者进入该市场负相关，即给定市场中既有企业的模糊性语言策略能够阻止潜在竞争者进入该市场。

4. 对假设 H3 主关系逻辑链条上潜在假设的讨论

在"给定市场中既有企业的模糊性语言使用频率→潜在进入者的决策难度"这一逻辑链条上，存在一个潜在假设，即潜在进入者对目标市场的关注度是无差异的，所以既有企业的语言使用策略会同等程度地增加潜在进入者的决策难度。然而，社会认知的相关研究认为，在外部刺激引发主体反应的过程中，需要通过关注度（attention）和解读能力（interpretation）两个过程完成对信息的解读。只有信息足够引起行为主体的关注且这些主体有能力解读该信息时，由信息所引发的行为反应才会更加明显。故而，如图 1-4 所示，当潜在进入者对目标市场的关注度不同时，其对模糊性语言的反应也会不同。当放松这一潜在假设后，作者就引入情景因素来论述在不同情景下，主关系的强度会如何变化。

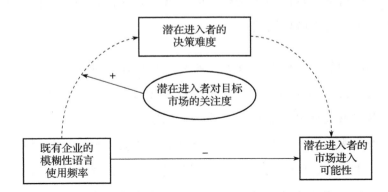

图 1-4　主关系理论机制的潜在假设：潜在进入者对目标市场的关注度的影响

5. 情景因素的影响

当潜在进入者对市场中的既有企业给予高关注时，模糊性语言使用策略能够更大限度地增加潜在进入者的决策难度，此时模糊性语言使用策略对潜在进入者市场进入决策的影响更大。具体而言，该研究选择"给定市场中既有企业平均规模"和"市场集中度"两个指标来衡量潜在进入者对目标市场的关注度。

在论述既有企业规模的影响时，该研究认为管理者存在选择性模仿行为。由于大公司释放出其成功的信号，当制定市场进入这种重要战略决策时，潜在进入者更可能对大公司给予更多的关注。同时，大公司被认为有更多的优势，如规模经济、品牌认同、经验等，此时大公司对潜在进入者的威胁更大，需要潜在进入者给予特殊关注。因此，市场中的既有企业规模越大，越可能受到潜在进入者的关注，此时给定市场中既有企业的模糊性语言使用策略更会增加潜在进入者的决策难度，从而放大了模糊性语言对潜在对手市场进入决策的影响。

在论述市场集中度的影响时，该研究认为给定市场的集中度越高，市场中既有企业及其竞争行为则越明显，此时潜在进入者只需要关注少数的目标公司就能掌握市场信息。因此，集中度高的市场中的每个既有企业受到的关注度更高。另外，在集中度高的市场中，每个既有企业的竞争行为对潜在进入者的影响更大。基于以上论述，作者提出如下假设。

假设H4：给定市场中既有企业的平均规模越大时，既有企业模糊性语言使用策略对潜在竞争者进入该市场的阻碍作用越大。

假设H5：给定市场的集中度越高时，既有企业模糊性语言使用策略对潜在竞争者进入该市场的阻碍作用越大。

【**点评**】该研究在构建H4和H5的调节关系假设时遵循标准的理论构建思维方式。在论述主关系的逻辑机制时，逻辑链条的两个环节上的逻辑关系都是建立在一系列的前提假设的基础上的，而为了增强理论的解释力，就可以考虑通过放松这些潜在假设来引入情景因素，构建含有调节变量的假设，从而形成更为完整的理论体系。本例中，H4和H5的提出就是基于这一思维方式。当然，如果引入的两个调节变量发挥不同的调节作用，如一个增强了作用效果，一个减弱了作用效果，则会更有利于增强理论的可靠性。

由此，我们也可以发现H3的逻辑机制上还存在其他潜在假设，如在第一个逻辑链条上作者假定潜在进入者只能获得既有企业的公开信息，而在第二个逻辑链条上作者也假定潜在进入者在制定进入决策时依赖客观的市场分析等。显然，如果放松这些潜在假设，我们也可以引入一些新的情景因素，如目标市场的透明度、潜在竞争者的私人信息渠道或潜在竞争者的扩张动机等，据此如果数据分析支持了这些假设，那么我们就更加相信H3中的逻辑链条是可靠的，从而进一步增强了理论的可靠性。

1.3　研究设计

1. 数据来源

该研究选取 1995 ～ 2001 年美国国内航空行业的企业，在这段时间内美国的航空行业经历了从上升到平稳再到下降的发展阶段。目标市场、既有企业、潜在进入者的定义如表 1-1 所示。该研究最终获得 18 个航空公司、5 156 个目标市场、8 095 个已实现的新市场进入决策。

表 1-1　重要概念定义

概念	英文名称	定义
目标市场	target market	两个城市之间的航班，包括直达或经停
既有企业	incumbent	占有 5% 以上市场份额的航班，或者每季度运输 900 位乘客以上，或者在一个市场中每天运送 10 位乘客
潜在进入者	potential entrants	尚未在一个市场（两个城市之间）形成固定航班，但是在两个城市的任意一个城市有通往其他城市的航班

【点评】该研究的研究设计非常巧妙。该研究的难点之一就是变量操作化，而作者基于美国航线市场做的研究设计非常巧妙地解决了这一难题。

2. 核心变量及测量

该研究的核心变量及测量如表 1-2 所示。

表 1-2　核心变量及测量

变量	英文名称	测量
验证 H1 和 H2（模糊性语言沟通策略的前因）		
公司语言模糊性（因变量）	firm vagueness	年报中"business""properties""MD&A""financials"四部分中模糊性词汇经总长度标准化后的值（Hiller，2014）
市场盈利能力（自变量）	market profitability	平均飞机票价与航运成本（如人工费、航空服务费、燃油费等）的比值
潜在进入者（自变量）	potential entrants	每一个市场中的潜在进入者数量
控制变量	controls	包括公司规模、市场份额、绩效、现金流、载客量、运营效率等
验证 H3 ～ H5（模糊性语言沟通策略的经济后果及边界条件）		
市场进入（因变量）	market entry	如果潜在进入者在某一季度进入某一市场，定义为 1，否则为 0
既有企业语言模糊性（自变量）	incumbent vagueness	某一市场中既有企业的语言模糊性并根据市场份额加权调整

（续）

变量	英文名称	测量
既有企业平均规模（调节变量）	average incumbent size	某一市场中既有企业的规模（员工人数）并经市场份额加权调整
市场集中度（调节变量）	market concentration	赫芬达尔指数，即某一市场中既有企业的市场份额的平方和
控制变量	controls	潜在进入者进入市场的动机和能力相关变量，既有企业的特点相关变量，既有企业的竞争侵略性、市场特征相关变量

3. 研究方法及样本

该研究包括两个阶段，第一阶段为模糊性语言沟通策略的前因研究，即检验假设 H1 和假设 H2。该阶段使用普通最小二乘法（OLS）进行回归分析，以"公司 - 年度"（firm-year）为研究单位，共 91 个观测值。第二阶段为模糊性语言沟通策略的经济后果及边界条件研究，即检验假设 H3、假设 H4 和假设 H5。由于因变量表示潜在进入者进入某一市场的可能性，该阶段使用生存分析（survival analysis）方法，以"竞争者 - 市场 - 季度"（entrant-market-quarter）为研究单位，最终获得 149 988 个观测值。

1.4   研究结果

该研究以美国国内航空企业为样本，研究了企业使用模糊性语言沟通策略的前因及后果。研究发现，目标市场具有高盈利水平或目标市场存在更多潜在竞争者时，市场中的既有企业更倾向于使用模糊性的语言沟通策略，即假设 H1 和假设 H2 得到支持。

进一步研究发现，既有企业使用模糊性语言策略越多，潜在竞争者进入市场的可能性越低，支持了假设 H3。交乘项系数均显著说明市场中既有企业的平均规模和市场集中度能够增强模糊性语言沟通策略对潜在竞争者进入市场的抑制作用，从而支持假设 H4 和假设 H5。

1.5   该研究的局限性

文献的最后，作者也对研究的局限性做了讨论，并指出未来可进一步研究的方向。

（1）该研究只研究了美国航空行业，研究结果的普适性存在一定的局限。第一，由于环境不确定性在解释模糊性语言的作用中可能产生替代性解释，未来研究可以进一步使用更加可靠的环境不确定性测量方法来探究其作用。第二，作者认为使用模糊性语言沟通策略会增加潜在竞争者的解读难度，但是该研究并未直接测量解读难度这一指标。未来研究可以通过更加直接的方式（如调查问卷、访谈）获得解读难度这一指标，以更加直接地得到语言使用技巧，解读和企业间竞争行为之间的关系。

（2）公司可以通过多种形式对外沟通，如年报、公司发布的新闻、业绩说明会、会议简报等。该研究仅依靠公司年报的语言选择而存在局限性，虽然作者进一步用公司发布的新闻进行稳健性检验，但是仍然需要讨论不同的对外沟通渠道是否存在不同的作用。进一步地，该研究使用 Python 程序自动识别语言模糊性水平，虽然使用计算机程序存在优势，但是该研究并未探索不同主题叙述中模糊性语言的特征差异，未来需要进一步研究。

（3）该研究虽然研究了市场盈利能力和潜在竞争者数量如何影响公司模糊性语言使用倾向，但是未来还需要探索更多其他方面可能影响公司模糊性语言使用倾向的因素。例如，竞争者的竞争策略与行业规范不同时，或者难以被预测时，公司是否更少使用模糊性语言沟通策略。此外，语言使用技巧不限于模糊性，还可以探索其他语言技巧（如侵略性、语调、自发性、语言一致性等）来增加信息不对称程度。

1.6　对该研究的思考

（1）该研究的研究思路值得借鉴。借助 ABC 框架（参见《管理研究的思维方式》一书 2.3 节），该研究针对使用模糊性语言沟通策略这一行为（behavior），首先研究公司采取模糊性语言沟通策略的前因（antecedents）。作者进一步研究模糊性语言沟通策略是否真正起到了作用，实现了预期的后果（consequences），这样的做法大大丰富了文献的内容，形成一个完整的逻辑体系。这也是标准的研究模式，即围绕一个新颖的企业行为，比如这里的模糊性语言使用，就可以从前因 - 后果的角度来设计研究框架。

在分析某一行为产生的前因时，一般可以选择"由外而内"的顺序来考虑这些影响因素，分别是从国家层面→地区层面→行业层面→公司层面→高管层面→员工层面等不同层面来挖掘可能的影响因素，这样就能尽量把所有影响因素都考虑到。例如，该研究最后选择的就是行业层面的影响因素。

如果想研究某一行为所产生的后果，那么这个后果一定是作用在一个实体身上并对这个关联的实体产生直接影响。例如，研究员工行为所产生的后果一般都是考察对其他员工或领导所产生的影响。通常战略管理研究所关注的实体就是企业的各种利益相关者，那么有关后果的研究就是关注企业行为如何对众多利益相关者产生影响，这里实际上研究的就是对竞争者的影响。

（2）本文的研究设计非常巧妙，尤其是研究样本的选择和测量变量的构建。该研究主要关注哪些因素会影响公司使用模糊性语言沟通策略及该沟通策略的经济后果，研究主题涉及公司间的竞争和市场进入等内容。一般来说，我们很难定义哪些公司何时进入哪些市场。该研究巧妙地结合航空行业的特点，将每一条航线当作一个市场，市场中的既有企业即已经开通该条航线的航空公司，而潜在竞争者是有航线经过该条航线的两个城市但尚未开通该条航线的航空公司，当潜在竞争者开通这些航线时，就进入了该市场。这也启发我们做研究要特别注意观察、思考和提炼生活现象，激发灵感，进而找到解决问题的绝佳思路。

第 2 章

反向思维：从 A → B 到 B → A

【文章题目】《信息管理：公司行为和行业溢出效应对媒体报道不道德行为的影响》（"Managing the Message: The Effects of Firm Actions and Industry Spillovers on Media Coverage Following Wrongdoing"）

【文章作者】阿纳斯塔西娅·扎维亚洛娃（Anastasiya Zavyalova），莱斯大学（Rice University）；迈克尔·帕斯特（Michael D. Pastor），佐治亚大学（University of Georgia）；朗达·雷格（Rhonda K. Reger），马里兰大学（University of Maryland）；黛布拉·夏皮罗（Debra L. Shapiro），马里兰大学（University of Maryland）

【文章来源】*Academy of Management Journal*，2012，55（5）：1079-1101（UTD24）

【文章概要】现有研究主要关注媒体通过对公司的报道而影响利益相关者的感知，即公司的消费者、投资者、供应商等主体对公司的评价，从而影响公司经营发展。那么，当公司或同行业竞争者发生不道德行为（如产品召回事件）而损害声誉时，能否通过特定的回应策略来影响媒体对它的报道，进而恢复公司声誉？该研究将公司针对产品召回事件这一不道德行为的回应策略分为两类：技术性回应和象征性回应。技术性回应（technical actions）是指公司在回应产品召回事件时，重点阐述引起产品召回事件的原因、公司如何进行整改和善后处理措施等；象征性回应（ceremonial actions）是指公司在回应产品召回事件时，更多地提及公司积极正面的行为，如公司发布新产品、公司获得奖励等，而较少针对产品召回进行直接回应。

基于 1998 ~ 2007 年美国玩具公司产品召回事件，该研究发现：如果公司发生产品召回事件（即公司是涉事主体），技术性回应策略减弱了公司产品召回事件引发的媒体负面评价，而象征性回应策略增强了公司产品召回事件引发的媒体负面情绪。如果同行业其他公司发生产品召回事件（即公司不是涉事主体），未涉事公司的象征性回应策略可减弱由于同行业其他公司的不道德行为而引发的媒体对该公司的负面评价。

【点评】该研究的亮点在于跳出传统的媒体报道如何影响公司行为的研究框架，采用反向思维来研究公司的行为如何影响媒体报道，从而具有很大的理论贡献和实践价值。在理论上，通过研究公司在应对自身或同行业竞争者的不道德行为（如产品召回事件）时发布技术性回应公告和象征性回应公告对管理媒体对于公司的负面报道的影响，为管理利益相关者的社会认知提供新的研究思路。在实践上，当公司发生不道德行为时，应该发布技术性回应公告，真诚地分析不道德行为的原因和改进措施以便更好地恢复社会认可；如果同行业其他公司发生不道德行为，公司作为未涉事主体，需要发布象征性回应公告，使自己和其他涉事公司区分开来而避免受到负面溢出效应的牵连。

在理论框架的构建上，作者提出两种反应策略，并且在不同情况下最优反应策略是不同的，这就提升了理论的解释力而更加具有理论贡献和实践价值。如果在不同情况下的最优反应策略是一样的，那这个问题也就不那么有趣了，研究假设也就少了许多张力（tension）。

2.1　研究背景

1. 写给谁看

该研究写给关注企业危机管理、不道德行为、媒体报道等相关领域的学者，以及对危机管理感兴趣的企业高管。

【点评】文献第一段先讲到信息中介（如新闻媒体）在影响利益相关者认知方面发挥的作用，即点明该研究的研究关注点和涉及的领域。

2. 我们知道什么

信息中介（如媒体、分析师）在传递信息、议程设置、帮助利益相关者解读和分析公司行为过程中起到重要作用。通过影响利益相关者的认知，信息中介在塑造企业的社会认可（social approval）方面发挥着积极的作用。然而，企业也可以通过引导利益相关者的正向反应来构建自身的无形资产，如声誉和合法性，以获得竞争优势、提高企业绩效。现有研究主要关注信息中介在塑造利益相关者认知中发挥的重要作用。

3. 我们不知道什么

虽然现有研究认为公司的信息披露能够影响媒体报道，进而影响利益相关者的感知，但是很少有研究关注公司如何影响信息中介对公司的报道和评价，尤其是不道德行为出现后公司的回应策略如何影响媒体报道，进而影响利益相关者对公司的社会认可度。具体而言，当公司或同行业的其他公司被曝光存在不道德行为时，公司如何进行回应以改变媒体的负面报道，进而改变利益相关者的认知？此外，公司自身存在不道德行为或同行业其他公司存在不道德行为时，公司针对不道德行为的回应策略的效果是否存在差异？

4. 这会有何影响

不道德行为（如产品质量问题）引发信息中介对公司的负面评价，进而对公司产生较大的负面影响，威胁公司的声誉、合法性和生存，公司需要进行印象管理和危机管理来恢复社会认可度，降低不道德行为的负面效应。但是，现有研究并不知道公司针对不道德行为进行回应是否有效，如果公司的回应策略不得当，也有可能对公司的声誉产生更为严重的影响。

5. 如何解决这一问题

该研究首先研究了公司或同行业的不道德行为如何影响媒体对公司的报道，进一步研究了公司对不道德行为的回应策略（技术性回应和象征性回应）在影响媒体报道过程中起到的作用。

该研究发展假设基于两方面的研究。第一，媒体对公司社会认知的影响；第二，危机管理和印象管理。社会认知研究认为，媒体通过选择报道内容和报道方式能够影响公共舆论和利益相关者对公司的印象。利益相关者根据媒体的报道来判断公司的行为是否符合他们的期望和社会规范，进而影响他们对公司的态度。然而，不道德行为违背了利益相关者对公司的期望，导致公司的社会认可度降低，甚至对公司的声誉、合法性和生存造成威胁。危机管理和印象管理研究认为，公司不同的应对方式可能减弱或放大不道德行为对利益相关者负面感知的影响。由于媒体能够影响利益相关者对公司的态度，因此研究公司对不道德行为的回应策略能否及如何更好地恢复媒体对公司的正向评价、提高公司的社会认可度具有重要的理论和实践意义。

【点评】该研究的选题巧妙之处在于传统研究都是从 A→B 来开展，即大多关注的是媒体报道如何影响企业行为，而该研究则反其道而行之，关注的是企业行为如何影响媒体报道，并且选择了企业无良行为曝光这一情景，很新颖。这样一来，该研究就可以与印象管理和危机管理的文献联系起来，从而具有明确的理论贡献及实践价值。

6. 贡献在哪儿

完成以上研究工作，该研究的主要贡献表现在以下几方面。

（1）扩展了公司与媒体互动的研究，即公司如何影响媒体报道进而提高社会认可度。该研究主要研究公司有关不道德行为的回应策略如何影响媒体对公司的报道态度，以及这种影响如何因不道德行为来源的不同而有所差异。该研究关注公司的两种回应行为：技术性回应和象征性回应。技术性回应是指通过信息披露来说明不道德行为的原因，并将利益相关者的关注转移到公司对事件的内部处理过程上；象征性回应是指通过信息披露来改变利益相关者对公司的印象，将利益相关者的关注从关注不道德行为转移到公司应对事件的积极态度上。

（2）扩展了印象管理和危机管理的相关研究。印象管理和危机管理的研究表明公司的回应策略影响利益相关者的反应，但是很少有研究关注公司的回应策略在不同情境下发挥的作用是不同的。基于社会心理学有关利益相关者对公司印象评价的研究，该研究发展新的理论框架来探索公司对不同来源的不道德行为的技术性回应和象征性回应策略如何影响媒体对公司的态度。具体而言，当公司存在不道德行为时，其应该表明对该事件负责的态度。例如，通过改变经营和分销渠道、生产管理、生产过程，对召回产品进行补偿等措施来减少负面事件产生的不良影响。如果行业内其他公司存在不道德行为，未涉事公司需要通过象征性回应策略强调其与其他涉事公司的不同之处，而不能通过技术性回应策略使利益相关者误认为公司也存在相似的不道德行为，只是暂时未被曝光。

2.2　理论构建

1. 概念模型与研究假设

该研究共提出 7 个假设，理论框架如图 2-1 所示。

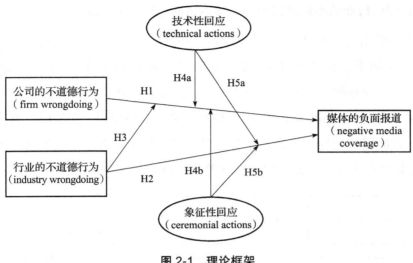

图 2-1 理论框架

该研究提出的假设如下。

（1）H1：公司的不道德行为越严重，媒体对公司的负面报道越多。

（2）H2：同行业的不道德行为越严重，媒体对目标公司的负面报道越多。

（3）H3：同行业的不道德行为的严重程度能够弱化公司的不道德行为引发的媒体负面报道。

（4）H4a：技术性回应策略弱化了公司的不道德行为引发的媒体的负面报道。

（5）H4b：象征性回应策略强化了公司的不道德行为引发的媒体的负面报道。

（6）H5a：技术性回应策略强化了行业的不道德行为引发的媒体对未涉事公司的负面报道。

（7）H5b：象征性回应策略弱化了行业的不道德行为引发的媒体对未涉事公司的负面报道。

【点评】作者构建了 7 个假设，主要结构为：公司作为涉事主体（公司有不道德行为）及公司作为非涉事主体（同行业其他公司涉及不道德行为）如何影响媒体对其评价态度（H1 和 H2），并进一步研究同行业涉事主体较多如何影响公司作为涉事主体所引发的媒体报道态度（H3）。然而，该研究的重点是 H4 和 H5，即研究公司不管是作为涉事主体还是非涉事主体，针对不道德行为所采取的回应策略（技术性回应和象征性回应）如何影响不道德行为引发媒体对公司的负面报道。

2. 公司或行业的不道德行为与媒体的负面报道（主假设）

该研究提出公司的不道德行为及行业的不道德行为增加媒体的负面报道。其内在机制如下：公司的不道德行为违背了利益相关者的期望（expectation violation），进而导致媒体对公司的负面报道增加；行业的不道德行为产生了负面溢出效应（negative spillover effect），使得未涉事公司受到牵连而引起媒体对未涉事公司的负面报道增加。据此，作者提出公司和行业的不道德行为对媒体的负面报道产生影响的内在机制是不同的。其逻辑链条如图 2-2 所示。

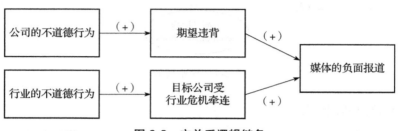

图 2-2　主关系逻辑链条

（1）**公司的不道德行为→期望违背**。在阐述这一逻辑链条上的关系时，作者认为当公司发生产品召回事件时，利益相关者会认为公司销售有缺陷的产品违背了社会契约，与其原有期望相违背，这被认为是一种不道德行为，降低了利益相关者对公司的认可度。例如，财务违规行为导致利益相关者对公司创造价值能力产生质疑；公司裁员行为违背了利益相关者对公司诚信的期望，很容易被利益相关者认为裁员行为是公司的一种不道德行为。因此，公司的不道德行为（产品召回事件）越严重，利益相关者感知到的期望违背越强烈。

（2）**期望违背→媒体的负面报道**。这一逻辑链条上的第二个环节则比较好理解，即媒体感知到企业行为导致的期望违背越严重，那么媒体对企业的不道德行为的关注度就越高。故而，提出该研究的假设 H1。

假设 H1：公司的不道德行为越严重，媒体对公司的负面报道越多。

（3）**行业的不道德行为→目标公司受行业危机牵连**。在解释行业危机如何影响媒体对企业的报道时，作者结合危机外溢机制来解释。在阐述这一逻辑链条上第一个环节的关系时，作者认为利益相关者倾向于把同一行业的公司归为一类，因此如果行业中的一些公司发生不道德行为，同一行业中未涉事的公司也会受到牵连。当对同行业未涉事公司进行评价时，利益相关者更可能基于同行业其他公司的不道德行为来进行推断。如果同行业中涉及不道德行为的公司较多，利益相关者和媒体更会认为同行业的其他公司也存在类似问题，即负面溢出效应更大。例如，当共同基金行业出现不道德行为时，利益相关者会撤回与违规公司相似公司的交易；如果某一公司与财务违规公司有相同的董事会成员，利益相关者会对没有财务违规事件的公司持消极的态度。

（4）目标公司受行业危机牵连→媒体的负面报道。在阐述逻辑链条上第二个环节的关系时，作者认为未涉事公司也会受到同行业危机的牵连，导致媒体对这些公司形成负面评估。目标公司受到行业危机牵连越严重，媒体对未涉事公司的负面报道越多。故而，作者提出如下假设。

假设 H2： 同行业的不道德行为越严重，媒体对目标公司的负面报道越多。

【点评】 公司的不道德行为（公司是涉事主体）和行业的不道德行为（公司不是涉事主体）影响媒体负面报道的逻辑机制是不同的。公司涉及不道德行为时，媒体认为公司的行为违背预期，引发媒体对该公司的负面评价。而当行业其他公司出现不道德行为时，由于目标公司受到行业危机牵连，即使公司未涉及不道德事件，媒体也会增加对其负面报道。

3. 行业的不道德行为对公司的不道德行为与媒体的负面报道间关系的调节作用

假设 H1 中存在一个潜在假设，即不同公司的不道德行为引起的利益相关者期望违背程度是一致的。事实上，在不同情况下，利益相关者的感知是不一样的。当一家公司出现不道德行为时，这种行为由于在同行业中是新奇且不平常的而更加明显，此时利益相关者感知到的期望违背更加凸显。在这种情况下，该公司更可能受到媒体的关注和负面报道。相反地，如果同行业的很多公司都存在类似的不道德行为，这种不道德行为变得不那么新奇和显著，也就减少了媒体和利益相关者对公司的关注。据此，作者提出如下假设。

假设 H3： 同行业的不道德行为的严重程度能够弱化公司的不道德行为引发的媒体负面报道。

【点评】 对于解释调节变量的作用，核心都是从放松主关系逻辑链条上的潜在假设入手，解释当处于不同状态时，逻辑链条上的关系强度如何变化。

4. 公司对不道德行为回应策略的调节作用

虽然公司的不道德行为导致利益相关者感知到期望违背，行业的不道德行为产生负面溢出效应而使未涉事公司受到牵连，但不道德行为引发的期望违背水平和未涉事公司受行业危机牵连程度并不是完全一致的，而是会受到公司针对不道德行为回应策略的影响。该研究进一步分析技术性回应和象征性回应如何发挥调节作用。

（1）技术性回应策略的作用。公司产品召回事件违背了利益相关者的期望，导致利益相关者对公司产生负面情绪。此时，公司的回应越能体现出公司有能力处理好不道德事件，对于恢复公司声誉越有效。个体在负面情绪状态时更愿意接受与自己认知一致的信息，当公司发生产品召回事件时，利益相关者更希望公司有所担当而不是推卸责任。因此，当公司直接回应不道德行为的后果，承诺尽最大努力减少负面事件的影响时，公司将媒体的关注从批评公司的不道德行为转移到公司提升内部运营效率、努力纠正不道德行为上，故而能够缓和媒体对于公司的不道德行为的负面态度。

然而，当同行业其他公司涉及不道德行为事件时，如果目标公司（未涉事公司）采取技术性回应策略会增加媒体的关注度，强化媒体对目标公司的负面印象。对利益相关者而言，他们在理解公司技术性回应行为时会认为不道德行为是该行业的普遍现象，该公司也存在类似的不道德行为，只是还没有被发现而已。因此，技术性回应行为会被误认为该公司也存在不道德行为。

如图 2-3 所示，当面对公司的不道德行为时，技术性回应策略能够弱化期望违背的水平，即减弱逻辑链条上的第一个环节的关系强度，从而整体上弱化了公司的不道德行为与媒体的负面报道之间的关系；而当面对行业的不道德行为时，技术性回应策略增强了行业的危机外溢效应，使得逻辑链条上的第一个环节的关系加强，从而整体上强化了行业的不道德行为与媒体的负面报道之间的关系。基于以上论述，作者提出如下假设。

假设 H4a：技术性回应策略弱化了公司的不道德行为引发的媒体的负面报道。

假设 H5a：技术性回应策略强化了行业的不道德行为引发的媒体对未涉事公

司的负面报道。

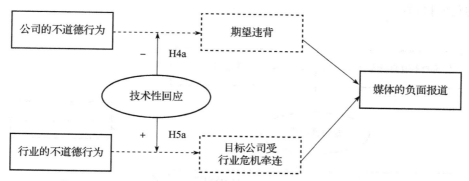

图 2-3　主关系理论机制的潜在假设：公司技术性回应策略的影响

（2）象征性回应策略的作用。公司采取象征性回应策略即只强调公司并没有违背社会规范而不是采取实质性的措施来解决问题，这种做法很可能引起"逆火效应"，即反而会强化媒体对公司的负面态度。公司的象征性回应会被认为是敷衍、虚伪的，反而使媒体对公司产生更大的怀疑、不信任。

然而，当同行业公司发生不道德行为而可能牵连到目标公司时，目标公司的象征性回应策略试图说明公司的行为是符合社会预期的，公司的经营方式与利益相关者的价值观和预期是一致的而不存在违规行为。象征性回应行为通过引导媒体关注公司的正面行为而使公司与同行业其他涉事公司区分开来，避免将未涉事公司与涉事公司联系在一起。因此，象征性回应策略降低了公司被划入不道德公司行列的可能性。

如图 2-4 所示，作者认为，当面对公司的不道德行为时，象征性回应策略因为没有化解媒体对危机事件的担忧而增强了媒体的负面情绪，产生更高水平的期望违背，从而增强了逻辑链条上的第一个环节的关系强度，使得公司的不道德行为引起更高水平的媒体的负面报道；而当公司面对行业的不道德行为时，公司首要的是将自身与涉事公司区分开，这时象征性回应策略强化了公司与涉事公司之间的差异，从而弱化了逻辑链条上的第一个环节的关系强度，削弱了由于行业的不道德行为所导致的媒体对公司的负面报道水平。基于以上论述，作者提出如下假设。

假设 H4b：象征性回应策略强化了公司的不道德行为引发的媒体的负面报道。

假设 H5b： 象征性回应策略弱化了行业的不道德行为引发的媒体对未涉事公司的负面报道。

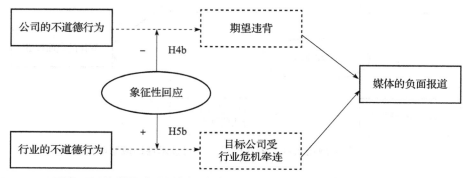

图 2-4   主关系理论机制的潜在假设：公司象征性回应策略的影响

【点评】对比假设 H4a/H4b 和假设 H5a/H5b，公司针对不同来源的不道德行为（公司涉及不道德行为、同行涉及不道德行为而公司未涉及不道德行为）的回应策略在引发媒体负面报道方面的作用是不同的。当公司作为涉事主体时，媒体或利益相关者对公司的技术性回应策略更满意，即公司主动、积极地针对负面事件进行改进并采取事后处理措施，而此时采取象征性回应策略会被认为是逃避责任而引发更多的负面报道。这里的核心在于公司所采取的行为是否符合媒体的预期，当公司的不道德行为发生后，媒体通常会预期公司主动承担责任而化解不道德行为带来的负面影响。

如果是同行业其他公司涉及不道德行为，此时如果公司采取技术性回应策略可能会被媒体和利益相关者认为公司也存在类似负面行为，只是尚未被发现，从而加强了负面溢出效应，增加了媒体对目标公司的负面报道；但如果此时采取象征性回应策略，则更可能将目标公司与涉事主体区分开来，减少媒体对其负面报道。这里的核心在于负面溢出效应的发生是基于归类机制，而如果目标公司主动声明并不涉及不道德行为而与涉事公司区分开，那么就会减弱媒体将该公司归为同类的意图从而降低负面溢出效应。

2.3   研究设计

1. 数据来源

该研究选取 1998 ～ 2007 年美国玩具行业的上市公司作为样本。关注玩具行业的原因是该行业的集中度高，为研究行业的负面溢出效应提供了很好的情景。另外，玩具行业在产品召回时会发布产品召回的数量，这样就可以衡量不道德行为的程度。

2. 核心变量及测量

该研究的核心变量及测量如表 2-1 所示。

表 2-1　核心变量及测量

变量	英文名称	测量
媒体报道（因变量）	media coverage	某季度内，有关某公司的正面报道与负面报道的差值
公司的不道德行为（自变量）	firm wrongdoing	某季度某公司玩具召回的数量之和
行业的不道德行为（自变量）	industry wrongdoing	某季度玩具行业召回玩具的数量之和（目标公司除外）
技术性回应	technical actions	公司回应产品召回事件被认为是针对该事件提出改进措施，包括改变经营和分销渠道，改变生产管理，改进生产过程，开始调查该事件，中止产品发货，对召回产品进行补偿，配合监管部门进行产品调查等。该研究统计公司发布的回应公告中包括以上措施的个数
象征性回应	ceremonial actions	公司的回应未直接说明产品召回的原因，而是强调公司的正面特点，包括公司改名，名人代言，慈善捐赠，促销和抽奖，企业公民行为（如赞助儿童才艺表演等），企业获奖。该研究统计企业回应公告中包含上述行为的个数
控制变量	controls	公司规模，公司或行业的不道德行为的社会印象，产品导致的受伤人数和事故次数，召回玩具的平均价格，媒体报道总量等

该研究使用 LIWC 软件（用于分析英文文本情感态度的常用软件）分析每一篇新闻报道的正、负面情感内容，并定义某一篇新闻报道中如果正面内容占总情感内容的比例大于 66%，则该报道为正面新闻；如果负面内容占总情感内容的比例大于 66%，则该报道为负面新闻。

2.4　研究结果

在该研究中，因变量媒体报道的数值越大表明媒体对公司的报道越正面。实证结果中，公司的不道德行为与媒体的报道态度显著负相关，结果表明公司召回635 000 件玩具会导致负面媒体报道数增加 2 篇；行业的不道德行为与媒体的报道态度显著负相关，结果说明行业内其他公司召回 3 489 000 件玩具会导致目标公司的负面媒体报道数增加 1.5 篇。虽然公司和行业的产品召回事件对媒体的负面报道的影响看似较小，如仅增加 2 篇和 1.5 篇，但是考虑到新闻报道主要以正面报道为主，利益相关者对负面信息更为关注，假设 H1 和假设 H2 得到支持。

公司和行业的不道德行为的交乘项（firm wrongdoing × industry wrongdoing）系数显著为正，说明行业内其他公司的不道德行为会显著弱化目标公司的不道德行为引发的负面媒体评价，因而假设 H3 得到验证。公司的不道德行为与技术性回应的交乘项（firm wrongdoing × technical actions）系数显著为正，而公司的不道德行为与象征性回应的交乘项（firm wrongdoing × ceremonial actions）系数显著为负，说明公司的技术性回应策略减弱了公司的不道德行为引发的媒体负面评价，而象征性回应策略增强了公司的不道德行为引发的媒体负面评价，假设 H4a 和 H4b 得到验证。

另外，行业的不道德行为与技术性回应的交乘项（industry wrongdoing × technical actions）系数不显著，而行业的不道德行为与象征性回应的交乘项（industry wrongdoing × ceremonial actions）系数显著为正，说明公司的技术性回应策略不能影响行业的不道德行为引发的媒体对非涉事公司的负面评价，而象征性回应策略减弱了行业的不道德行为引发的媒体对非涉事公司的负面评价，假设 H5a 不成立，假设 H5b 得到验证。

2.5　该研究的局限性

文献的最后，作者也对研究的局限性做了讨论，并指出未来可进一步研究的方向。

（1）不同利益相关者对公司针对不道德行为的回应策略的解读可能存在差异。例如，媒体和消费者可能认为玩具召回事件是负面事件且违背了正常的社会规范，使得消费者承担相应的风险；而投资者可能会认为该召回事件的发生说明公司需要在内部控制方面有所改进。因此，未来研究可以进一步区分不同的利益相关者群体如何解读公司回应不道德行为的策略，以提高公司的危机管理能力。

（2）该研究选择的行业为玩具行业，该行业的受众为儿童，因此产品质量问题会产生强烈的社会反响，媒体也会非常重视对儿童健康等有害的不道德行为事件。虽然该研究得到了很多有价值的结果，但是该研究结果是否适用于其他行业

（如家电行业、电子产品行业、医药卫生行业等）需要进一步研究。

（3）该研究将玩具产品召回事件看成企业在诚信方面的不道德行为。不同的企业不道德行为，如盈余重述、财务造假、环境污染等，可能对媒体和利益相关者产生的影响有所不同，因此本文的研究结论的普适性需要进一步增强。例如，企业的不道德行为可能是能力不足所致，也可能是缺乏诚信所致。因此，未来研究需要从不道德行为产生的原因这个角度进行深入分析，以探索公司如何有效地进行危机管理。

2.6 对该研究的思考

该研究的研究视角新颖，采取了反向思维的方式来提炼研究问题。传统研究主要关注媒体的报道如何影响利益相关者感知，进而影响公司的行为，而该研究反其道而行之，即探索公司能否通过某种方式影响媒体的报道，以帮助公司进行恰当的印象管理和危机管理。该研究考虑公司回应不道德行为的两种策略：技术性回应策略和象征性回应策略，并研究这两种策略在回应不同来源的不道德行为时如何发挥作用。这一设计大大丰富了该研究的研究框架，如图 2-5 所示。

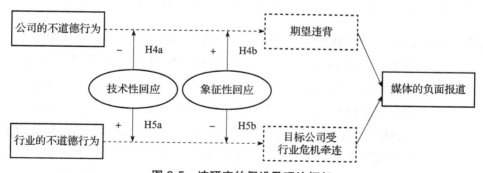

图 2-5 该研究的假设及理论框架

在熟悉文献的前提下构建某一主题的 ABC 框架，采取反常识的思维方式，往往更容易引发思考而找到有新意的研究问题。例如，通常都是研究 A 对 B 的影响，那么就很自然地想到 B 能否也影响 A 呢？在不同的情景下，是否有不同的影响效果呢？这是从这一篇文献中学到的要点。

第 3 章
批判性思维

【文章题目】《政治关联令企业与政府疏远还是亲近？关于中国企业慈善捐赠的研究》（"Do Political Connections Buffer Firms from or Bind Firms to the Government? A Study of Corporate Charitable Donations of Chinese Firms"）

【文章作者】 张建君（Jianjun Zhang），北京大学（Peking University）；马奎斯（Christopher Marquis），康奈尔大学（Cornell University）；乔坤元（Kunyuan Qiao），得克萨斯 A&M 大学（Texas A&M University）

【文章来源】 *Organization Science*，2016，27（5）：1307-1324（UTD24）

【文章概要】 政治关联能够缓冲（buffering）企业与政府之间的关系还是将企业和政府绑定（binding）在一起？不同学者从不同的理论视角进行分析，但并没有得出一致的结论。为了解决这一理论困惑，该研究在传统政治关联定义的基础上，进一步将其细分为先天型（ascribed）政治关联和后天型（achieved）政治关联两类，并且从理论上分析这两种不同类型的政治关联之间的差异，要么让企业缓冲来自政府的诉求压力进而减少慈善捐赠，要么让企业服从政府的诉求压力进而增加慈善捐赠。进一步，该研究认为政治关联与慈善捐赠之间的关系受到行业层面和地区层面这两种制度条件的影响。

该研究以 2001～2012 年中国民营上市企业这一样本对理论框架进行了检验。研究发现：拥有先天型政治关联高管的企业更可能利用他们的关系去缓冲来自政府的捐赠压力，特别是在竞争行业和市场化程度较低的地区尤为明显，而这种缓冲效应在国家垄断程度较高的行业被抑制；相反地，拥有后天型政治关联高管的企业更有可能绑定与政府之间的关系而增加捐赠，特别是在国家垄断程度高的行业和市场化程度较高的地区尤为明显。该研究拓展了有关政治关联及其权变因素、企业社会责任（corporate social responsibility，CSR）和企业政治活动（corporate political activity，CPA）之间关系方面的研究。

3.1　研究背景

1. 写给谁看

该研究的第一句话指出企业的政治关联在发达国家和新兴市场中的重要性，不仅点明了研究主题，引出后文有关企业政治关联方面的研究，还进一步阐明了研究的目标受众，即关注新兴市场中企业行为及聚焦于研究企业政治活动的学者。

2. 我们知道什么

企业的政治关联是指董事长或总经理曾经担任政府官员、人大代表或政协委员。现有的关于政治关联对企业行为的影响和所产生的后果方面的研究很多。一方面，政治关联能够帮助企业获取相应的信息和合法性，使其免受竞争者和监管部门的影响，从而具有缓冲作用。例如，企业可以利用他们的政治资本来保护自己免受不必要的行政干预。在新兴市场中，这种缓冲作用被认为是一种有效的机制从而保护公司免受政府寻租行为的影响。另一方面，企业为了维持已经建立的政治关联需要付出一定的成本去满足政府的诉求，进而具有绑定作用。例如，有政治关联的企业为了满足合法性需求及获得关键利益相关者的支持，更有可能完成政府所鼓励的社会目标。

3. 我们不知道什么

该研究通过对现有关于政治关联方面的研究进行对比分析，发现现有研究实质上存在相互矛盾的观点，即政治关联帮助企业获得政府资源的同时，却又使企业不得不迫于压力满足政府的诉求。例如，在分析政治关联与企业慈善捐赠间的关系时，一部分研究认为政治关联与慈善捐赠正相关，另一部分研究则指出政治关联与慈善捐赠负相关。

既然有关政治关联的研究存在两种相反的观点，那么企业拥有的政治关联是通过增加企业与政府的接触和影响力进而为企业提供相关资源，还是导致企业被政府施压进而迫使企业满足政府的诉求？为什么同样的两个变量之间会出现两种截然不同的关系？现有研究并没有对这些问题的潜在机制进行解释，由此引出该研究旨在解决的关键问题。

【点评】根据《管理研究的思维方式》一书 4.1 和 4.2 两节的内容，通过阅读文献找到现有理论的缺口，不仅能判定具体的理论贡献，还能确定研究贡献的大小。因此，在论文写作中，应该首先聚焦于讨论现有研究进展，不仅能让读者快速了解已经做过的研究，还能对现有研究存在的问题有一个较为明确的认识。例如，对于同样的两个概念间的关系，如果已有文献提供了矛盾的观点，那么就可以作为一个好的问题来研究，即通过分析找到解决这一矛盾的路径。

4. 这会有何影响

相互矛盾的观点使得我们不能清晰地认识政治关联到底对企业产生怎样的影响，从而使其成为一个尚未解决的理论难题。

5. 如何解决这一问题

为了解决上述问题，该研究跳出传统对政治关联理解的固有思维模式，创新性地将其划分为两种不同类型的政治关联，从而为揭示政治关联影响企业行为的潜在机制提供新的思路。这是一种典型的批判性思维，即通过一种合理的、反思的及开放式的方式对现有问题进行思考，指出现有研究存在的不足，在原有基础上向前一步，进而解构现象本身隐藏的问题，最终接近问题的本质。

基于传统政治关联的定义，该研究将其划分为先天型政治关联和后天型政治关联两种类型。第一，先天型政治关联是指企业高管曾经担任过政府官员，并进一步将这种关系归因于官僚关系，因为它们代表了高管个人在进入企业之前所获得的背景特征。第二，后天型政治关联是指企业高管为现任的人大代表或政协委员，并进一步把这种任命定义为获取的政治关联，因为这些政治关联的形成是由高管或其公司的成就造成的。因此，该研究定义了这两种不同类型的政治关联，并从理论上解释了为什么它们对企业行为有不同的影响。

此外，由于不同行业和地区的制度差异导致企业对政府的资源依赖程度、政府干预、产权保护和合同执行效力等方面存在差异，该研究进一步从企业所在行业的垄断程度和企业所在地区的市场发展质量两个方面分析其对不同类型政治关联发挥作用的影响。基于此，该研究的基本论点是：目标企业与政府之间的信任关系导致的资源依赖程度决定了企业拥有的政治关联是缓冲企业和政府的关系还是将企业和政府绑定在一起。

【点评】该研究创新性地将政治关联划分为两种类型：先天型政治关联和后天型政治关联，并基于两种政治关联的特征从政府与企业间信任、依赖关系的角度分析其如何影响企业行为。进一步，考虑到不同行业和地区的企业对政府资源的依赖程度并不相同，因此将这两种因素作为调节变量纳入研究框架中，进而使得整个研究围绕资源依赖理论展开分析并形成一个完整的理论体系。

该研究的研究问题能与《管理研究的思维方式》一书 2.1 节相对应，即体现研究问题的重要性、新颖性及可行性。从重要性角度来看，将政治关联细分为两类能从理论上解释清楚为何政治关联与慈善捐赠间的关系并不确定；从新颖性角度来看，先天型政治关联和后天型政治关联这一划分突破了以往对政治关联的固定思维；从可行性角度来看，该研究基于传统政治关联的定义，将其划分为先天型政治关联和后天型政治关联两类，相关数据也能直接获取。

因此，在构思研究框架的过程中，我们应该敢于跳出固有思维模式，不局限于现有研究，特别是对于同一个关系出现相互矛盾的观点时，更应该深入思考其内在机制。如果能够基于这样的思路进行思考，就有可能做出较大的创新及贡献。同时，考虑到主关系的解释机制上存在一些潜在假设，应该进一步围绕其潜在假设寻找合适的调节因素，分析在不同情景下主关系的强度会发生怎样的变化。这也是提高理论解释力和可靠性的有效途径。

6. 贡献在哪儿

完成以上研究工作，该研究的主要贡献表现在以下几方面。

（1）区分了两种类型的政治关联并阐明这种差异导致政治关联可能起到缓冲效应或绑定效应这两种不同的效应。研究发现，先天型政治关联能给企业提供政府信任以缓冲来自政府的压力，而后天型政治关联使得企业需要通过满足政府的诉求和社会期望的方式获得政府信任。因此，这两种类型的政治关联意味着企业与政府之间拥有不同的关系，进而发挥不同的作用。

（2）企业所处的制度环境决定了企业是否应该将政府作为重要的利益相关者。在企业对政府资源具有强烈且持续的依赖性的情况下（如垄断行业），企业必须满足政府诉求从而培养和维持政治关联以获得竞争优势；同时，企业也负担不起违背政府意愿而承担的代价。在企业对政府资源依赖程度不高的情况下（如在市场化程度较低的地区），企业为了保护自身利益而违背政府诉求是必要的且可行的。因此，该研究通过考察不同制度条件的影响，使我们能更好地理解某些政治关联在功能上的微妙差异，从而影响企业战略性地回应政府诉求。

3.2　理论构建

1. 概念模型与研究假设

该研究共提出 6 个假设，研究框架如图 3-1 所示。

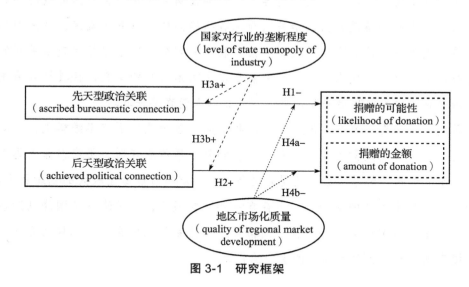

图 3-1　研究框架

该研究提出的假设如下。

（1）H1：与那些没有先天型政治关联高管的企业相比，拥有先天型政治关联高管的企业捐款的可能性更小。

（2）H2：与那些没有后天型政治关联高管的企业相比，拥有后天型政治关联高管的企业更有可能捐款。

（3）H3a：行业的垄断程度弱化先天型政治关联与企业慈善捐赠之间的负相关关系。

（4）H3b：行业的垄断程度增强后天型政治关联与企业慈善捐赠之间的正相关关系。

（5）H4a：地区市场化质量增强先天型政治关联与企业慈善捐赠之间的负相关关系。

（6）H4b：地区市场化质量弱化后天型政治关联与企业慈善捐赠之间的正相关关系。

2．主关系的解释机制

（1）先天型政治关联与慈善捐赠之间的关系。先天型政治关联影响企业慈善捐款的逻辑链条如图 3-2 所示。

图 3-2　先天型政治关联影响企业慈善捐赠的逻辑链条

作者在论述这一逻辑关系时，首先说明先天型政治关联如何让企业拥有与政府间的信任关系，即逻辑链条的第一个环节，随后说明拥有与政府间的信任关系如何影响企业慈善捐赠，即逻辑链条的第二个环节。

1）先天型政治关联→拥有与政府间的信任关系。先天型政治关联强调高管在进入企业之前与政府之间建立的关系。高管以往的政府工作经验使得他们对政府的官僚体系和运作有更为深入的了解，与现任政府官员之间更容易建立有效的沟通渠道从而获得信任。同时，由于先天型政治关联的高管在前期长时间作为政府"内部"官员，其与政府之间建立了更为稳固的信任关系。

2）拥有与政府间的信任关系→慈善捐赠。对逻辑链条的第一个环节进行解释之后，需要对第二个环节进行解释，从而推论出先天型政治关联给企业带来的与政府间的信任关系将如何影响企业的慈善捐赠。其论据如下：

第一，拥有与政府间的信任关系能帮助公司更容易地获得有关政府真实需求的独特信息。这就使得企业在不失去关键资源的情况下，能有选择性地满足政府诉求，而忽略不那么重要的诉求。

第二，基于先天型政治关联建立的企业与政府间的关系网络为企业与当前政府官员之间的沟通和接触提供了渠道，从而能够帮助公司更容易地获得政府资源，并保护公司免受政府干预。

第三，这一类高管拥有的经验和技能能够帮助他们更便利地与政府机构或官员打交道，并使得企业即使在不捐赠的情况下也能获得关键资源而不会冒犯政府。

特别地，作者认为，企业慈善捐赠是政府的诉求。因此，企业进行慈善捐赠实际上是帮助政府实现相应的社会目标。对拥有先天型政治关联高管的企业而言，它们可以利用自身建立的与政府间的信任关系获得资源并缓冲来自政府的压力，也就不需要通过慈善捐赠的方式来满足政府诉求。该研究基于以上逻辑提出假设H1。

假设 H1：与那些没有先天型政治关联高管的企业相比，拥有先天型政治关联高管的企业捐款的可能性更小。

（2）后天型政治关联与慈善捐赠之间的关系。后天型政治关联对企业慈善捐款行为的影响则通过巩固与政府间的信任关系这一中间机制发挥作用，其逻辑链条如图 3-3 所示。

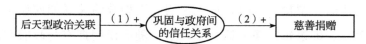

图 3-3　后天型政治关联影响企业慈善捐赠的逻辑链条

1）后天型政治关联→巩固与政府间的信任关系。后天型政治关联强调高管在进入企业之后与政府之间建立的联系。高管通过自身努力获得政府认可之后，需要与政府之间保持持续的合作和交换，进而使得高管需要推动企业积极参与政府活动才能获取政府的信任和政府控制的关键资源。

2）巩固与政府间的信任关系→慈善捐赠。同样地，对逻辑链条的第一个环节进行解释之后，需要进一步对第二个环节进行解释，从而推论出后天型政治关联需要巩固与政府间的信任关系将如何影响企业的慈善捐赠。其论据如下：

第一，后天型政治关联表明企业和政府之间需要建立持续的交换关系。政府给企业高管提供政治认可及社会地位之后，企业高管也需要积极响应政府号召，才能巩固政府的认可与支持。

第二，拥有后天型政治关联的高管会对失去政治关联产生恐惧，使得企业不得不通过满足政府诉求的方式进一步巩固与政府间的信任关系。

因此，具有后天型政治关联的高管为了巩固与政府之间的关系更愿意参与慈善捐赠。基于此，作者提出假设 H2。

假设 H2：与那些没有后天型政治关联高管的企业相比，拥有后天型政治关联高管的企业更有可能捐款。

【点评】《管理研究的思维方式》一书 5.4 节结合实例详细分析了构建理论过程中如何提出符合逻辑的解释，其核心就是构建一套传导机制进而说明前因如何影响后果。同时，该书 6.1 节进一步对理论机制的重要性进行了分析，指出做研究需要用符合逻辑的论述把概念间的关系阐明清楚；而这套符合逻辑的解释就是理论。

通过对假设 H1 和假设 H2 的分析，我们发现该研究在逻辑推导过程中主要聚焦于逻辑链条的第二个环节，即不同类型的政治关联建立的与政府间的信任关系如何影响企业的慈善捐赠，而对政治关联如何建立与政府间的关系这一环节论述较少。这主要是因为该逻辑链条的第一个环节较好理解，即先天型政治关联就已经表明企业与政府之间存在信任关系，而后天型政治关联表明企业需要持续巩固与政府的关系。在构建理论的过程中，如果能将理论机制分阶段论述清楚则更容易理解。

（3）制度背景对理论的支撑。虽然作者基于逻辑链条对每一环节的逻辑关系进行了阐述，但是一个重要的问题是企业慈善捐赠能否代表企业对政府诉求的回应。基于此，作者在制度背景部分首先对中国的制度特征和捐献行为进行了详细分析，指出中国政府仍然是影响企业制定商业战略（特别是企业社会责任战略）的关键利益相关者。一方面，中国政府控制着稀缺资源，使得企业需要通过慈善捐赠的方式保持与政府的关系；另一方面，中国的财政分权制度使得越来越多的企业被要求和政府一起承担相应的社会责任从而帮助政府实现政治目标。在中国，政府是企业慈善捐赠等社会责任活动的重要发起者。因此，作者通过加入制度背景的分析为理论的合理性提供了强有力的支撑。

【点评】逻辑链条的构建与分析固然十分重要，但是其背后的制度背景也是十分重要的，特别是基于新兴市场国家的相关研究，由于其制度环境和发达国家可能存在明显的差异，进而导致以前基于西方发达国家构建的相关理论并不一定适用于新兴市场国家的情景。这就要求我们在进行理论构建之前，对具体的情景和制度背景进行分析，搞清楚理论背后的潜在假设在现实环境下是否成立，从而为理论提供有力支撑，与制度背景相符。

3. 对主关系逻辑链条上潜在假设的讨论

我们在构建理论机制时通常包含一些潜在假设，尽管我们提供许多论据去支持主关系的成立，但是为了进一步提高理论逻辑的可靠性，就需要放松逻辑链条上的潜在假设，进而引入合适的调节因素，考察在不同的情景下主关系如何变化。这是构建调节关系假设的基本思想。

具体到该研究，作者在搭建主关系的逻辑链条中提出，政治关联导致企业疏远还是亲近政府取决于企业与政府间的信任关系。虽然拥有与政府间的信任关系使得企业不太担心失去政府控制的资源，但巩固与政府间的信任关系需要企业更加专注于响应政府的号召。然而，不同的企业由于其性质的不同使得其对政府控制的资源的依赖程度存在差异，并且企业在不同的制度环境下经营所面临的政府干预水平也不同。而在构建主关系的解释机制时，作者实际上是假定所有企业对政府控制的资源的依赖程度是一样的，并且所有企业都会受到政府同等水平的干预。显然，这在现实中并不成立。故而，从放松这些潜在假设入手，作者认为政治关联是缓冲还是绑定企业还受到企业对政府控制的资源的依赖程度的影响。

作者认为，企业对政府的依赖程度取决于企业所处的行业环境。从行业层面看，我国的行业制度安排决定了政府在多大程度上控制行业内企业的进入和关键资源的获取。例如，政府能控制进入金融、能源、交通及公用事业和某些重工业等关键行业的许可证，没有政府的许可，企业很难进入这些行业。同时，政府也参与了许多特殊行业的规则制定，从而能够通过税收优惠、融资政策等方式对行业发展产生影响。

当地的市场化水平决定了政府对企业的干预程度。地区市场化指数反映了各地区市场化环境建设的质量，如政府服务、产权保护、合同执行等。企业经营在多大程度上依赖法制和市场机制取决于当地的市场化、制度化发展情况。如果当地的市场化水平很低，那么企业在经营过程中就会面临较多的政府干预。

（1）行业垄断程度的影响。不同行业的企业对政府的依赖程度不一样，这就导致政治关联对企业慈善捐赠的影响也不一样。特别地，企业慈善捐赠的重要性与政府控制企业所在行业的程度成正相关。因此，更依赖政府及在监管行业中的企业会更加积极地参与各项政治活动。同时，在监管更严格的行业中，企业为了获得政府好感而更可能进行慈善捐赠。基于此，作者认为国家对行业的垄断程度将影响政治关联与企业慈善捐赠之间的关系。

在垄断程度高的行业，企业在许可证审批或续签、获得政府控制的资源和优惠待遇等方面更加依赖政府，因此经常受到政府的干预。这就使得不同行业中企业对政府的依赖程度并不一致，进而导致政治关联对企业慈善捐赠的影响有所差异。基于以上逻辑，作者引入国家对行业的垄断程度这一调节变量，并论述其如何影响企业政治关联与慈善捐赠这一关系的强度。其主要观点如下：

第一，对政府的资源依赖使企业更有可能满足政府的诉求，甚至主动通过慈善捐赠的方式获得政府的好感，而有政治关联的企业需要进一步维持好与政府的关系。

第二，在垄断程度高的行业，有政治关联的企业会更好地理解政府所关心的问题，并通过采取与政府预期保持一致的行为强化信任关系。

据此，行业的垄断程度调节政治关联对慈善捐赠的影响主要作用在逻辑链条上的第二个环节，从而影响这一环节逻辑关系的强度。

1）对"拥有与政府间的信任关系→慈善捐赠"逻辑链条的影响。 在图 3-4 中，行业垄断程度弱化了拥有与政府间的信任关系对慈善捐赠的缓冲效应。即便企业已经建立了与政府之间的信任关系，使得企业不需要迎合政府的诉求，但是在垄断程度高的行业，政府对行业的影响显著增大也会对企业的生存和发展产生更大的影响，这就使得企业不得不更关注于维护与政府之间的关系，从而对政府的诉求做出更积极的回应并增加慈善捐赠。同时，政治关联也可以作为企业通过捐款与政府进一步建立联系的渠道和桥梁，进而增强竞争优势。据此，作者提出假设 H3a。

假设 H3a： 行业的垄断程度弱化先天型政治关联与企业慈善捐赠之间的负相关关系。

2）对"巩固与政府间的信任关系→慈善捐赠"逻辑链条的影响。 类似地，如图 3-5 所示，行业垄断程度对后天型政治关联与慈善捐赠之间关系的影响通过作用在逻辑链条上的第二个环节来发挥调节作用。后天型政治关联使得企业需要巩固与政府间的信任关系。在垄断程度高的行业，巩固与政府间的信任关系对企业而言就显得更加重要，因此企业也更加需要回应政府诉求而积极参与慈善捐赠。据此，作者提出假设 H3b。

　　假设 H3b：行业的垄断程度增强后天型政治关联与企业慈善捐赠之间的正相关关系。

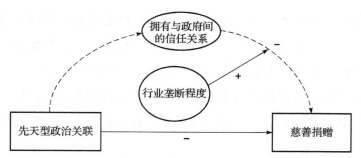

图 3-4　先天型政治关联发挥作用的条件：行业垄断的影响

　　无论是拥有先天型政治关联还是后天型政治关联的企业，在垄断程度较高的行业中，企业均会为了获得政府所控制的资源而更愿意保持与政府间的信任关系，满足政府诉求。

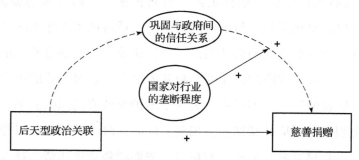

图 3-5　后天型政治关联发挥作用的条件：行业垄断的影响

　　【点评】当引入行业垄断程度这个情景因素时，作者关注的是企业对政府资源的依赖程度这个潜在假设。在垄断程度高的行业中，企业对政府资源的依赖程度更高，使得企业更加需要迎合政府的诉求而积极捐款，这样一来先天型政治关联的缓冲效应就被弱化，而后天型政治关联的绑定效应就被强化。从对逻辑链条上两个环节的逻辑关系的影响来看，我们认为是作用在第二个环节，即使得企业因为政治关联所具备的与政府之间的关系状况对慈善捐款的影响发生变化。

（2）**地区市场化质量**。地区层面的制度差异主要体现在企业所在地区的市场化水平上。一般而言，更加注重以市场为导向的地区有一个更高效率的资源配置市场和更好的法律保护等，政府在资源配置中所发挥的作用减弱而使得企业并不需要关注与政府间的信任关系；市场化程度较低的地区通常具有更高程度的政府干预。这里，作者从化解政府压力的角度入手，认为在市场化程度较低的地区，有政治关联的企业可以反抗来自政府的干预，从而帮助企业缓冲来自政府的诉求压力进而维护企业利益。不同的政府部门可能有不同的利益诉求，从而为企业反抗来自政府的诉求压力提供了空间。由于这些地区政府部门之间的联系、沟通更为松散，这进一步降低了企业因拒绝回应政府诉求而带来的风险。

1）**对"拥有与政府间的信任关系→慈善捐赠"逻辑链条的影响**。地区低市场化质量对先天型政治关联与慈善捐赠之间关系影响的逻辑关系示意图如图 3-6 所示。作者认为在低市场化水平的地区，拥有与政府间的信任关系能更有效地反抗来自政府的诉求压力，进而使得企业不需要通过慈善捐赠的方式回应政府诉求。据此，作者提出假设 H4a。

假设 H4a：地区市场化质量增强先天型政治关联与企业慈善捐赠之间的负相关关系。

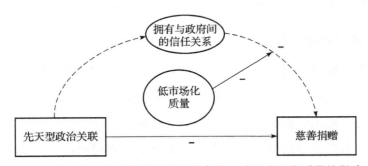

图 3-6　先天型政治关联发挥作用的条件：地区市场化质量的影响

2）**对"巩固与政府间的信任关系→慈善捐赠"逻辑链条的影响**。地区低市场化质量对后天型政治关联与慈善捐赠之间关系影响的逻辑关系示意图如图 3-7 所示。作者认为在市场化水平较低的地区，政府干预作用较强，这就使得企业更倾向于利用与政府间的信任关系来反抗来自政府的诉求压力而不用积极回应政府诉求，从而保护企业利益不受损害。据此，作者提出假设 H4b。

假设 H4b： 地区市场化质量弱化后天型政治关联与企业慈善捐赠之间的正相关关系。

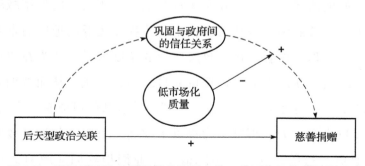

图 3-7　后天型政治关联发挥作用的条件：地区市场化质量的影响

无论是拥有先天型政治关联还是后天型政治关联的企业，在市场化程度较低的地区，有政治关联的企业均能反抗来自政府的诉求压力，进而增强企业对政府的疏远效应而弱化企业对政府的亲近效应。

【点评】当引入地区市场化程度这个情景因素时，作者关注的是政府对企业干预水平这个潜在假设。在市场化水平较低的地区，由于政府对企业的干预水平更高，企业更加需要应对政府的干预而减少捐款，这样一来先天型政治关联的缓冲效应就被强化，因为能够更有效地对抗政府干预，而后天型政治关联的绑定效应则被弱化，企业也会利用现有的政治关系来降低政府干预的影响。

4. 对理论构建的一点思考

从以上逻辑推导过程可以发现，该研究在推导主关系的过程中分别从两套不同的机制出发，比较了先天型政治关联和后天型政治关联对企业行为影响的差异，指出具有先天型政治关联的企业已经拥有与政府之间的信任关系，进而能够降低慈善捐赠；具有后天型政治关联的企业需要巩固与政府间的信任关系，进而需要增加慈善捐赠。进一步，作者从行业层面和地区层面指出国家对行业的垄断程度和地区市场化质量将影响企业对政府的依赖程度和政府对企业的干预水平，进而影响政治关联与慈善捐赠之间关系的强度。

需要注意的是，在对主关系的逻辑链条上存在的潜在假设进行讨论时，作者只是从行业和地区层面分别阐述其如何影响政治关联与企业慈善捐赠之间的关系，并没有分别从先天型政治关联和后天型政治关联的两种影响机制出发进行论述，而是基于另外一套逻辑（企业资源依赖、企业应对政府干预）进行讨论，这就使得整体的逻辑链条并不清晰。虽然在垄断行业中有政治关联的企业更倾向于依赖政府而获得合法性和竞争优势，但作者又认为，在市场化质量低的地区，有政治关联的企业更倾向于用与政府之间所建立的信任关系来反抗来自政府的干预。这其中似乎存在逻辑上的矛盾：既然在垄断程度高的行业有政治关联的企业为了获得竞争优势需要进一步满足政府诉求，那么在市场化质量低的地区，有政治关联的企业面临更强的政府干预时就不需要进一步满足政府诉求了吗？尽管作者在对市场化质量进行论述时也指出可能存在和行业垄断程度类似的逻辑，但最终认为地区市场化质量发挥了不同于行业垄断程度的影响作用。

基于此，我们应该注意到，地区市场化质量导致企业对政府资源的依赖程度的影响是不确定的。一方面，市场化质量越低的地区，政府干预程度越强，使得企业不敢违背政府的期望，进而使得有政治关联的企业更可能亲近政府；另一方面，市场化质量越低的地区，有政治关联的企业有能力与政府对抗，因此使得企业更可能疏远政府。特别地，该研究在假设 H2 中提出后天型政治关联的企业需要进一步巩固与政府间的关系而不敢对抗政府的诉求，而在市场化质量低的地区又强调后天型政治关联的企业有能力对抗政府诉求，而不需要巩固与政府的关系，这是否与主关系的逻辑相矛盾？

因此，在引入调节变量时，我们需要围绕主关系中的逻辑链条进行分析，从中间机制的潜在假设入手，在逻辑链条的第一阶段或第二阶段引入合适的调节变量，这样不仅能进一步验证理论的可靠性，还能使整体框架更加完整、清晰，便于理解。正如《管理研究的思维方式》一书 5.4 节所指出的，"为了解释因果关系而提出一套解释机制、构建一套理论时，所提出的逻辑链条上的每一环都可能存在一些前提假设而不一定在任何情况下都成立。我们为了提高理论的解释力，就可以从放松这些潜在假设的角度入手，将其作为情景因素纳入理论框架中，提出一些含有调节因素的假设，那样就能将现有理论往前推进一步而更为完善"。

3.3　研究设计

1. 样本选择

该研究的样本包括 2001 ～ 2012 年在上海和深圳证券交易所上市的所有民营

企业，数据来源于国泰安数据库、企业年报及企业官网，最终得到820家公司共
5 803条观测样本。

2. 因变量

捐款的可能性（likelihood of donation）：如果企业当年有慈善捐赠，则赋值为
1，否则为0。

捐款的金额（amount of donation）：捐款总额的自然对数。

3. 自变量

先天型政治关联：企业董事长在加入企业之前是否具有政府工作经历，有则赋
值为1，否则为0。如果高管在当董事长前在政府机关任职，那么就是先天具有政治
关联，这种政治关联是高管在政府机关任职所构建起来的政治联系，不需要不断地
维护和巩固。

后天型政治关联：企业董事长是否仅担任国家级或省级人大代表或政协委员，
有则赋值为1，否则为0。如果高管担任人大代表或政协委员，这种政治关系需要
不断地维护和巩固。

4. 调节变量

国家对行业的垄断程度（level of state monopoly of industry）：基于三级行业
代码进行行业分类，计算该行业内国有企业的销售额占该行业的比例。如果比例
越高，说明该行业的垄断程度越高。

地区市场化质量（quality of regional market development）：基于企业所在省份
的市场化指数，用12减去每个省的市场化指数值进行反向编码。这是为了和假设
预测的结果方向保持一致。特别地，由于可获得的最新指数仅更新到2009年，且
各省的相对市场化指数多年来较为稳定，因此该研究将2009年的市场化指数值作
为2010～2012年变量缺失值的替代值。

5. 控制变量

该研究的控制变量如表3-1所示。

表3-1　控制变量

变量名	定义
公司规模	公司总收入的自然对数
股权集中度	前五大股东持股比例
上市年份	公司IPO（initial public offerings，首次公开募股）年与当前会计年度的差值

（续）

变量名	定义
公司绩效	ROA（return on assets，资产回报率）
现金流	企业现金流占总资产的比例
广告强度	销售支出占总收入的比例
是否同时拥有两种政治关联	如果董事长同时拥有两种政治关联，赋值为 1，否则为 0
董事长年龄	样本观测年减去董事长出生年
董事长性别	董事长为男性赋值为 1，否则为 0
董事长教育背景	根据董事长的学历为博士、硕士、本科、高中、初中、其他，分别赋值为 5、4、3、2、1、0
两职合一	如果董事长和总经理为同一人，则赋值为 1，否则为 0
董事长的销售或市场背景	董事长是否拥有销售或市场部门的经历
同一行业平均捐赠的可能性	基于三级行业代码定义同行业企业，计算同行业除目标公司外其他企业是否有慈善捐赠，有则赋值为 1，否则为 0
同一行业平均捐赠的金额	基于三级行业代码定义同行业企业，计算同行业除目标公司外其他企业慈善捐赠金额的平均数

6. 回归方法

针对慈善捐赠的可能性，该研究使用 Probit 模型进行估计。针对企业慈善捐赠金额，考虑到可能存在样本选择性偏差，该研究使用 Heckman 两阶段模型进行分析，这也是慈善捐赠相关研究中常用的方法。基于第一阶段 Probit 模型计算 IMR 比率，将其作为第二阶段的控制变量。随后，第二阶段仅选择慈善捐赠金额大于 0 的样本进行分析。

3.4　研究结果

实证结果中，先天型政治关联与慈善捐赠显著负相关，后天型政治关联与慈善捐赠显著正相关，假设 H1 和假设 H2 得到支持。相对没有先天型政治关联的企业而言，拥有先天型政治关联的企业少捐赠 48 260 元；相对没有后天型政治关联的企业而言，拥有后天型政治关联的企业多捐赠 62 891 元。

先天型政治关联和国家对行业的垄断程度的交乘项（ascribed bureaucratic connection × level of state monopoly of industry）系数显著为正，说明国家垄断程度高的行业会显著弱化先天型政治关联对慈善捐赠的负向作用，因而假设 H3a 得到验证。后天型政治关联和国家对行业的垄断程度的交乘项（achieved political connection × level of state monopoly of industry）系数显著为正，说明国家垄断程度高的行业会显著增强后天型政治关联对慈善捐赠的正向作用，因而假设 H3b 得到验证。

同样地，先天型政治关联和地区市场化质量的交乘项（ascribed bureaucratic connection × quality of regional market development）系数显著为负，说明地区市场化质量低会显著增强先天型政治关联对慈善捐赠的负向作用，因而假设 H4a 得到验证。后天型政治关联和市场化质量的交乘项（achieved political connection × quality of regional market development）系数显著为负，说明地区市场化质量低会显著弱化后天型政治关联对慈善捐赠的正向作用，因而假设 H4b 得到验证。

3.5　该研究的局限性

该研究也指出了研究的不足和未来研究的方向。第一，该研究仅聚焦于传统政治关联的衡量方式将其区分为两种不同的类型，将来研究可以考虑其他能够衡量政治关联的方式，如通过政治斗争、亲属关系或家庭关系建立的政治关联。同时，可以进一步研究高管政治任命结束后将如何对企业产生影响。第二，该研究将慈善捐赠作为研究对象去分析不同政治关联的影响，将来可以分析政治关联对企业其他行为的影响。第三，虽然该研究以中国民营企业为研究样本，但是政治关联对企业慈善捐赠或其他社会责任行为的影响机制可以扩展到中国以外的国家。第四，该研究仅针对二手数据进行分析，为了能更好地理解政治关联的不同性质及影响，需要进行实地调查和高管访谈等，以分析企业行为如慈善捐赠的潜在动机。

3.6　对该研究的思考

批判性思维是提炼研究问题的重要思维模式。作者通过回顾前人的相关研究发现政治关联在促进企业慈善捐赠的同时，也有可能导致企业慈善捐赠水平降低；并且，以前的研究笼统地将曾经担任过政府官员的高管和现在担任人大代表或政协委员的高管都认定为拥有政治关联的高管而不加区分。与已有研究不同，作者跳出对政治关联的传统看法，采取批判性思维，认为不同类型的政治关联所构建的企业与政府间的关系并不一致，创新性地将政治关联划分为先天型政治关联和后天型政治关联两种不同的类型，研究发现，具有先天型政治关联的企业捐赠更少，而具有后天型政治关联的企业捐赠更多，从而解决了该领域的一个重要理论问题。其整体思路如图 3-8 所示。

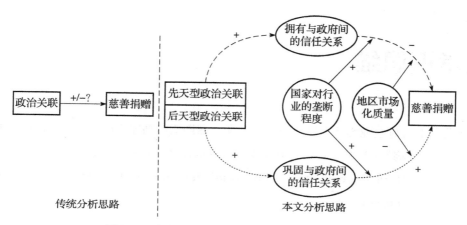

图 3-8　政治关联 – 慈善捐赠间关系的内在机制

这篇文献给我们的启示是：在阅读文献的过程中，如果被动接受各种信息而缺乏思辨，就会导致思维陷入前人研究的体系之中而难以突破。因此，我们应该养成批判性思维的习惯，特别是当针对同一关系出现两种完全相反的解释机制时，更应该深入思考其内在逻辑，多问为什么，不应该局限于传统思维模式而认为之前的相关研究都是正确的。《管理研究的思维方式》一书 3.1 节也指出，"通过培养自己的批判性思维能力，才能有效地发掘这样一些研究的亮点，找到正确挖到宝藏（做出理论贡献）的路径"。

第 4 章

反常识思维

【文章题目】 《好企业为什么做坏事？高预期、高期望和高知名度对公司违法行为的影响》（"Why Good Firm Do Bad Things? The Effects of High Aspirations, High Expectations, and Prominence on the Incidence of Corporate Illegality"）

【文章作者】 尤里·米希娜（Yuri Mishina），密歇根州立大学（Michigan State University）；伯纳丁·戴克斯（Bernadine J. Dykes），特拉华大学（University of Delaware）；艾米莉·布洛克（Emily S. Block），圣母大学（University of Notre Dame）；蒂莫西·波洛克（Timothy G. Pollock），宾夕法尼亚州立大学（The Pennsylvania State University）

【文章来源】 *Academy of Management Journal*，2010，53（4）：701-722（UTD24）

【文章概要】 频发的企业丑闻涉及高知名度、高绩效的企业，这跟传统研究认为绩效好的企业考虑到做坏事被抓的代价而会减少违法行为的观点相悖。该研究基于损失厌恶和傲慢理论，以标准普尔 500 指数制造业企业为样本进行实证分析。研究结果表明：无论是企业绩效超过内部预期水平还是外部预期水平都显著地增加了企业参与违法行为的概率；知名度高的企业在绩效高于预期水平时更可能采取违法行为。

4.1 研究背景

1. 写给谁看

该研究写给关注企业相对绩效、不道德行为等相关研究领域的学者。

【点评】该研究开篇点明企业财务绩效与企业违法行为之间的关系一直受到学者们的关注，并且回顾了现有文献关于二者之间的关系的研究进展。

2. 我们知道什么

绩效好能给企业带来大量的利益与机遇，不仅降低了企业参与不道德行为、违法行为的需求，而且抑制了企业参与此类行为的动机。如果一家企业被发现从事非法活动，它会遭受严重的后果，如损害企业绩效，丧失重要资源，企业和管理者名誉受损等。而且，相对低知名度的企业而言，这种损失在知名度高的企业中更加严重。因此，现有文献认为高绩效企业参与违法行为的概率更低。

3. 我们不知道什么

现实中许多知名公司（如安达信、安然、世通、泰科等）屡屡被曝光参与违法活动。这些被曝光的企业一直被认为是高知名度、高绩效企业。现有理论不能解释为什么及在什么条件下高知名度、高绩效的企业会冒风险参与违法行为。

【点评】有价值的研究也可以是反常识（counter-intuitive）的，即提出与大家默认的知识（常识）相反的观点（见《管理研究的思维方式》）。该研究就发现了一个反常识的现象，即"好企业做坏事"。研究这样一个反常识的现象能紧紧抓住读者的注意力且非常有趣。

4. 这会有何影响

现有理论无法解释为何高绩效企业也会参与违法行为，这使得我们对于认识企业绩效与企业违法行为之间的关系是不全面的。

5. 如何解决这一问题

为了解释高绩效企业参与违法行为的原因，该研究认为有必要从企业相对于同行企业的绩效水平来考虑，而不是关注企业的绝对绩效水平。为此，作者基于社会认知与行为经济学相关理论，探索维持高绩效期望的压力如何影响高绩效企业高管的认知和行为。作者认为为了避免相对绩效下降，以及由于无法达到内外部利益相关者的预期而给企业及其高管带来的声誉损失，企业会参与违法行为，而且以上关系在知名度高的企业中更加显著。

6. 贡献在哪儿

完成该研究，主要贡献体现在以下几个方面。

（1）从理论上拓展了企业违法行为前因的相关研究。相对于以往的研究关注企业的绝对绩效水平，该研究关注企业的相对绩效水平，将其区分为行业相对绩效水平（内部期望绩效）、历史相对绩效水平（外部预期绩效）两种类型，提出高相对绩效水平引发外部高预期，由于未来高绩效水平无法维持，未来绩效无法满足预期而产生绩效压力，迫使企业从事违法行为。该研究弥补了现有理论的不足，解释了为何高绩效企业会参与违法行为这一问题。

（2）扩展了关于高管认知如何影响决策行为的研究。作者结合损失厌恶、赌资效应及高管自大三种心理特质，分析了高管认知与心理偏差如何影响企业制定违法行为决策，解释了企业高相对绩效水平引发高管推动企业参与违法行为的心理机制。

【点评】有关企业绩效与企业违法行为之间关系的研究并不少见，但是现有文献无法解释为何高绩效水平的企业会参与违法行为。该研究从相对绩效入手，解释为何高绩效企业参与违法行为的概率更高，这属于反常识思维模式，值得学习。

4.2   理论构建

1. 概念模型与研究假设

该研究共提出 4 个假设，理论框架如图 4-1 所示。

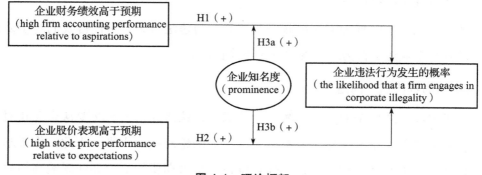

图 4-1   理论框架

该研究提出的假设如下。

（1）H1：企业财务绩效水平高于预期绩效的程度与企业违法行为发生的概率正相关。

（2）H2：企业股价表现高于预期绩效的程度与企业违法行为发生的概率正相关。

（3）H3a：企业知名度越高，财务绩效水平高于预期水平的程度对企业违法行为发生的概率的影响越大。

（4）H3b：企业知名度越高，股价表现高于预期水平的程度对企业违法行为发生的概率的影响越大。

2. 主假设解释机制：企业绩效高于预期→企业违法行为

（1）企业当期绩效高于预期→未来绩效低于预期的压力。对于这一主关系，作者也是分两个阶段来加以论述。首先，就逻辑链条上的第一个环节（如图 4-2 所示），作者认为当企业的绩效表现高于预期水平时，外界评估企业绩效的参考点会随着企业绩效的上涨而快速上升，而这个参考点可以是企业历史绩效水平，也可以是同行业其他企业的绩效。然而，随着预期绩效水平的上升，企业需要不断提升绩效水平以达到外界的高预期，这也导致企业绩效无法满足外界预期的可能性随之增加，从而产生所谓的"红皇后效应"（red queen effect）。"红皇后效应"是指企业必须取得比过去更好的业绩才能维持目前的地位。然而，企业绩效不太可能按照既定的增长速度一直稳定增长，因此绩效的下滑和疲软也是不可避免的。当业绩出现下滑时，尽管企业的绩效水平已经很高，但是利益相关者仍会认为企业没有达到预期而质疑高管的经营能力。从这点来看，当前绩效高于预期的企业将承担更大的业绩压力。

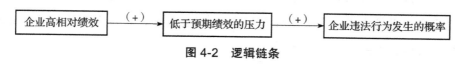

图 4-2　逻辑链条

（2）未来绩效低于预期的压力→企业违法行为。在公司未来绩效不能达到目标的压力下，高管就有动力通过参与违法行为来提升绩效而达到外界绩效预期。该研究给出了三个不同的心理机制来解释为何在绩效不能达到预期的压力之下高管更可能采取违法行为，也就是解释逻辑链条的第二个环节。

1）损失厌恶（loss aversion）。前景理论认为，个人的行为倾向是损失厌恶，即在面对确定的损失时会采取冒险行为。如果高管认定企业未来的绩效无法持续增长且必然会下降而无法达到外界预期时，由此引发的外部利益相关者的负面反应也必然会损害高管自身的利益，如高管的声誉和收益等。面对损失，高管都是损失规避的，故而更可能冒风险采取违法行为以维持企业的绩效达到预期。

2）赌资效应。"赌资效应"认为先前获得收益的个体往往会倾向于认为自己随后的决策是使用赢得的利润来赌博而导致后期更愿意冒风险。如果一个企业有实质性的收益，那么其管理者就可能会变得更加有风险偏好，因为他们觉得是在用赌资进行博弈。故而，企业如果当期绩效超过预期且有大额收益，那么在面对未来绩效压力时，高管就会更加倾向于冒风险。

3）高管自大。心理学相关研究表明，长时间的高绩效会使管理者相信自己的绝对正确性，从而导致他们更加自大。因为这些高管相信自己不可能失败而忽略了冒险行为的负面效果，只关注冒险行为可能带来的正面效果。自大的管理者相信他们比政府监管部门更加精明，即便采取违法行为也不会被发现，因而增强了他们在外部高预期压力下从事违法行为的可能性。据此，作者提出该研究的主假设。

假设 H1/H2：企业绩效水平高于预期绩效的程度与企业违法行为发生的概率正相关。

【点评】管理研究中假设提出这个部分很多的论据都是从心理学中借鉴过来的，因为我们很多时候解释概念之间的关系都会涉及个人感知、决策和行为等，不可避免地要去分析决策主体的心理过程。与管理学研究密切相关的心理学方面的知识主要涉及认知心理学和社会心理学两个方面，尤其是社会心理学特别重要（《管理研究的思维方式》一书也强调了这一点）。例如，该研究就借用了大量的心理学知识来解释主关系的假设逻辑。

3. 对主假设逻辑链条上潜在假设的讨论

在逻辑链条的第一个环节，作者认为企业当前的高相对绩效会提升外界对其未来绩效的预期，从而给公司带来未来绩效不能达到预期水平的压力。这其中有一个潜在假设就是：当公司绩效未能达到外界预期水平时所遭受的损失是相同的，或者每家公司的绩效表现都受到外界的关注。然而，不同公司有不同的知名度，这就使得这些公司所承受的绩效压力各不相同。

企业高相对绩效→违法行为逻辑链条上的调节因素：企业知名度。相比一家低知名度企业，如果一家高知名度企业的绩效未达到预期水平，那么企业的行业地位、高管的社会声誉与职业发展受到的负面影响更大。也就是说，对知名度不同的企业而言，高相对绩效给企业带来的绩效压力是不同的。其逻辑关系示意图如图 4-3 所示。

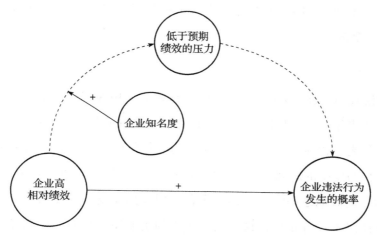

图 4-3　主关系理论机制的潜在假设：企业知名度

沿着这一逻辑，即通过放松逻辑链条第一个环节上的潜在假设，作者引入企业知名度这一调节变量。外部利益相关者对于知名度高的企业更为关注，如果企业绩效不及预期会更加容易被外界察觉，这也增加了未来绩效压力。知名度高的企业面对更大的预期绩效压力，从而也就更可能参与违法行为。基于以上论述，作者提出以下假设。

假设 H3a/H3b：企业知名度越高，高相对绩效对企业参与违法行为的影响越大。

【**点评**】这里要强调的核心点在于我们引入调节变量要根据主关系逻辑链条上的潜在假设来确定，而不是随意选择。沿着该研究的逻辑，在逻辑链条的第一个环节，如果高管的持股比例高，高管就会感觉有更大的压力去达到社会预期，否则自身利益会受到更大的损失，这就强化了主关系。再者，在链条的第二个环节，如果一家公司做坏事被曝光的概率越高，那么即便高管感受到很大的绩效压力，他也不敢做坏事，这就弱化了主关系。该研究只考虑了企业知名度的正向调节作用，如果能找到正反两方面的调节因素，那么对于增强该研究的理论说服力就更有效。

4.3 研究设计

1. 样本选择

该研究以 1990 ～ 1999 年标准普尔 500 指数的企业为样本，共包含 194 家企业 1 749 个观察值。

2. 因变量

企业违法行为（corporate illegality）：该研究使用虚拟变量来测量企业违法行为。如果企业当年参与了任何一类违法行为，变量取值为 1，否则取值为 0。需要注意的是，作者是以企业实际发生违法行为的年份而不是违法行为被曝光的年份来确定违法行为发生的时间。该研究将企业违法行为限定为以下几类：环境违规、反竞争行为、虚假陈述和财务欺诈。作者采用虚拟变量而未使用企业违法行为发生次数及违法严重性等指标，这是因为考虑到企业违法行为存在被漏报或披露不完全的可能性，因而使用披露的违法次数或严重性来测量企业违法行为就不准确。

3. 自变量

（1）财务相对绩效。为了便于观察高于期望和低于期望的绩效对公司违法行为影响的差异，该研究将财务相对绩效拆分为高相对绩效与低相对绩效两个独立变量。沿用前人研究，作者用资产回报率（ROA）来衡量绩效：

1）当公司实际绩效高于行业平均绩效时，高相对绩效 = 公司实际绩效 – 行业平均绩效；

2）当公司实际绩效低于行业平均绩效时，高相对绩效 =0；

3）当公司实际绩效高于行业平均绩效时，低相对绩效 =0；

4）当公司实际绩效低于行业平均绩效时，低相对绩效 = 行业平均绩效 – 公司实际绩效。

其中行业平均绩效指的是该公司所在行业中剔除目标公司以后其他公司的平均绩效水平，计算公式如下：

$$行业平均绩效 = \frac{\sum\limits_{j \neq t} \mathrm{ROA}}{N - 1}$$

（2）股票相对绩效。该研究以股票异常收益来衡量股票的相对绩效。异常收益是指公司观察到的和预期的股票收益之间的差异。企业 i 在周期 t 的股票预期收益按照如下公式计算：

$$\mathrm{firm\ returns}_{it} = \alpha_i + \beta_i\ \mathrm{market\ returns}_t + \varepsilon_{it}$$

式中：α_i 是当市场回报等于 0 时企业 i 的股票回报率，β_i 是企业 i 的贝塔系数。

企业 i 的异常股票收益按照以下公式计算：

$$\mathrm{abnorm\ returns}_{it} = \mathrm{firm\ returns}_{it} - \alpha_i - \beta_i\ \mathrm{market\ returns}_t$$

类似于财务相对绩效，该研究将股票相对绩效也拆分为正面异常收益和负面异常收益两个独立变量：

1）当异常股票收益 >0 时，正面异常收益 = 异常股票收益，否则正面异常收益 =0；

2）当异常股票收益 <0 时，负面异常收益 = 异常收益的绝对值，否则负面异常收益 =0。

4. 调节变量

企业知名度： 如果一家企业属于《财富》杂志评选出的"最受欢迎企业排行榜"上榜企业，则变量取值为 1，否则为 0。

5. 控制变量

该研究控制了一系列企业与行业层面可能影响到企业参与违法行为的因素，包括两职分离、董事会规模、独立董事比例、管理层持股比例、企业规模、冗余资源、环境多样性与动态性等。

6. 研究方法

鉴于该研究的因变量是二元变量，作者运用 Logistic 回归模型来研究影响企业违法行为发生的因素。

4.4　研究结果

该文实证分析结果表明，企业财务绩效高于行业平均水平的程度与企业违法行为发生的概率正相关，假设 H1 得到支持。而且，实证结果还表明企业财务绩效低于预期水平的程度与企业参与违法行为的概率之间显著负相关。企业股票表现高于预期水平的程度与企业违法行为发生的概率正相关，假设 H2 得到支持；当企业绩效高于行业平均水平时，知名度不影响企业违法行为的发生，假设 H3a没有得到支持；当股票市场收益高于预期水平时，知名度高的企业参与违法行为的概率更高，假设 H3b 得到支持。

4.5　该研究的局限性

在文献的最后，作者也对研究的局限性做了讨论，并指出未来可以进一步研究的方向。

（1）尽管文中在解释为何高绩效的企业会参与违法行为的过程中提到了三种心理机制（损失厌恶、赌资效应、高管自大），然而通过二手数据却无法直接获得高管的感知及认知特征方面的数据，因此不能直接验证是不是这三种心理机制发挥作用。未来的研究应该在此基础上进一步验证其中的心理机制。

（2）未来的研究可以进一步检验管理者如何管理投资者及外部利益相关者的预期。如果高相对绩效导致了更大的绩效压力，那么管理者可以主动管理外部预期，防止外部预期水平过于乐观或过于悲观而对企业造成负面影响。

（3）该研究只检验企业知名度的调节作用。企业环境中的其他因素也应该被纳入企业违法行为的探索中。例如，市场竞争也可能影响高管感知到的绩效压力大小。

（4）本研究的结果表明企业治理结构可能与企业违法行为有更复杂的关系。未来的研究应该继续探索企业治理机制对企业行为产生的影响。

4.6　对该研究的思考

该研究是基于反常识思维提出研究问题的代表。已有研究中学者普遍认为高绩效的企业没有参与违法行为的动机，并且顾忌参与违法行为被发现的负面后果，认为高绩效能抑制企业参与违法行为。然而，现实中高绩效的企业参与违法行为的案例层出不穷。现有理论无法解释这种反常识现象。作者通过引入相对绩效水平，从高管的心理机制入手来深入挖掘这个反常识现象背后的深层次原因，研究结论在意料之外，却又在情理之中，读完让人眼前一亮，印象深刻。其逻辑框架如图 4-4 所示。

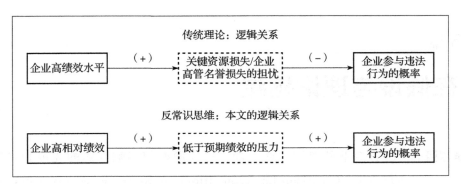

图 4-4　反常识思维的逻辑框架

这就启发我们应该学会用反常识思维模式进行研究。反常识是指提出与大家默认的知识（常识）相反的观点。如果我们的研究是进一步去印证常识性的观点，那么研究价值肯定是不大的。当我们知道一个普遍认同的观点以后，要习惯性地提个问题（反问）：真的是这样吗？例如，所有人都觉得捐款的公司业绩更好，那我们就要反问一下：捐款的公司业绩真的更好吗？打个问号后，这样的研究就是反直觉的、有张力的，而且非常吸引人。这就要求我们平时不仅要多阅读文献，还要多观察、多思考，用辩证的思维来分析文献的观点，对于那些常识性观点持批判性态度，深入挖掘那些影响企业行为决策的动因或效果强度背后的情景因素。这样能帮助我们找到有价值的研究问题，做出更大的理论贡献。

第 5 章

潜在假设与理论构建

【文章题目】《国有企业的跨国并购：合法性问题如何影响并购的完成和持续时间？》（"Cross-border Acquisitions by State-owned Investors: How Do Legitimacy Concerns Affect the Completion and Duration of Their Acquisitions？"）

【文章作者】李静（Jing Li），西蒙弗雷泽大学（Simon Fraser University）；夏军（Jun Xia），得克萨斯大学达拉斯分校（University of Texas at Dallas）；林洲钰（Zhouyu Lin），暨南大学（Jinan University）

【文章来源】*Strategic Management Journal*，2017（38）：1915-1934（UTD24）

【文章概要】跨国并购可能会引起东道国利益相关者的关注，尤其是引发当地监管机构的审查，从而影响并购结果。该研究认为，东道国监管机构完成并购合理化判断（theorization by local regulatory agencies）是影响并购结果的关键环节。这一过程（往往需要反复讨论）通常很耗时且结果不确定，进而可能会降低并购完成的可能性，并延长并购完成的时间。基于此，作者提出外国国有企业比外国其他产权性质公司更能引起东道国的关注，解释了外国企业的所有权性质与跨国并购结果之间的关系。该研究还引入了一系列可能影响合理化判断的并购特征（如目标公司的公众地位、目标公司的研发联盟、并购方的并购经验和联盟经验等）作为情景因素考察对跨国国有企业并购完成情况及并购持续时间的影响。

5.1　研究背景

1. 写给谁看

该文献写给聚焦于研究跨国并购活动和合法性等领域的学者，特别是对国有企业跨国并购问题感兴趣的学者。

【点评】该研究开头就指出国有企业跨国并购可能会引起东道国利益相关者的关注，进而影响国有企业跨国并购完成情况和并购持续时间，开篇点明了该研究的研究领域。

2. 我们知道什么

跨境并购浪潮迭起，国有企业跨国并购行为不断增加，但东道国利益相关者并不一定青睐或认可来自其他国家国有企业的跨国并购。许多跨国并购需要在东道国经历很长的审核周期，甚至根本没有完成。那么，为什么及多大程度上这种对国有企业跨国并购的担忧会影响并购结果（即并购完成情况和并购持续时间）？许多学者已经开始研究影响企业并购结果的制度因素，如母国和东道国之间的制度差异，东道国的监管环境及外国投资者的信息不透明问题。

3. 我们不知道什么

现有关于合法性关注（legitimacy concern）为何以及如何影响国有企业跨国并购结果的内在机制尚未明晰。从合法性视角来看，东道国利益相关者对跨国并购的合法性越担忧，并购持续时间会越长，并购结果的不确定性越大。这里，合法性指的是"一个实体的行为符合社会规范、价值观、信仰而被认为是可取的或适当的"（Suchman，1995）。跨国并购活动的合法性是跨国商业活动成功的前提。在东道国，尽管包括公众在内的其他利益相关者也可能会对来自外国国有企业的并购表示担忧，但他们在决定并购结果方面发挥的作用有限。相比之下，东道国监管机构拥有决定是否及何时批准并购的权力。监管机构会对存在合法性担忧的并购项目进行评估和合理化判断，即通过规范和正当的理由来证明这项并购是否构成威胁。

跨国并购可能会引起东道国利益相关者的合法性担忧，但是这种引发当地监管机构的合法性担忧对外国国有企业在东道国的并购结果（即并购完成情况和并购持续时间）的内在影响机制尚未明晰。

【点评】作者从现实中发现的现象和问题出发，通过对现有跨国并购的研究和合法性理论的简要评述，提出现有研究的不足之处，从而引出研究问题。这与《管理研究的思维方式》一书1.2节的内容相一致，即写论文要立足于现实问题，"透过现象看本质"，提炼出科学问题，并通过文献分析找到现有研究的不足，让读者很快了解研究问题的理论基础是什么，即相关研究进展到什么程度，存在哪些不足。

4. 这会有何影响

已有研究并没有专门去关注国有企业跨国并购的问题，然而这是全球化背景下比较普遍的现象。虽然大家都觉得东道国监管机构会影响国有企业跨国并购的进程，但是对其中的核心机制是什么并不清楚。这一研究就填补了国有企业跨国并购影响因素研究的空白，也为国有企业跨国并购实践提供了有意义的指导。

5. 如何解决这一问题

该研究从制度理论的合法性视角出发，认为东道国地方监管机构对并购合法性的担忧是影响国有企业并购结果的关键因素。外国国有企业通常被视为是其母国政府的代表，其发起的跨国并购可能带有政治意图而超越了经济行为本身，这会引起东道国监管机构关于国家安全方面的担忧而对并购活动进行严格审查，从而需要经历一个合理化判断过程，并且这个过程耗时长，结果不确定。基于此，该研究的基本论点是：相比非国有企业而言，外国国有企业跨国并购引起东道国监管机构更多的合法性担忧，使得监管机构对跨国并购活动的合理性审查时间更长，评判结果的不确定性也更大。

进一步地，作者从目标公司和并购方两个方面引入可能影响合法性担忧水平的特征因素，包括目标公司的公众地位、研发联盟和并购方在东道国的联盟经验及并购经验等。不同的公司特征会导致地方监管机构对国有企业跨国并购行为的合法性担忧水平存在差异，进而对并购结果产生不同的影响。

【点评】该研究从合法性视角探析合法性关注如何影响国有企业跨国并购结果和持续时间的解释机制。这也与《管理研究的思维方式》一书6.2节所强调的一致，即做研究需要选择一个理论视角，用已有的理论来开发一个新问题的解释机制，提出能够获得同行认可的"新理论"。紧接着，正如《管理研究的思维方式》一书 5.4 节所介绍的，为了提高这一解释机制的可靠性，作者深入分析了各种情景因素对这一解释机制作用强度的影响，具体地考虑了东道国公司和母国公司的特征，这些特征会影响并购的合法性水平，从而加强或减弱政府所有权与并购结果之间的关系。作者紧密围绕合法性担忧这一核心机制开发系列假设，提高了理论的可信力。

6. 贡献在哪儿

该研究的贡献体现在以下几个方面。

（1）揭示了国有企业并购如何引起东道国监管机构关注，进而影响跨国并购结果的潜在机制。关于跨国并购会引起东道国利益相关者的合法性关注的内在机制研究尚未明晰，且没有研究站在合法性角度研究外国企业的产权性质与跨国并购结果之间的潜在机制。该研究拓展合法性视角，提出东道国监管机构对国有企业跨国并购活动是否存在合法性问题的评估是影响并购成功与否和耗时长短的关键。

（2）发掘了外国国有企业发起跨国并购面临的合法性障碍，进而影响跨国并购结果这一逻辑链条上的潜在假设。作者通过纳入一些情景因素（引入调节变量），进一步证实了本土目标公司和母国并购公司的特征会对外国国有企业并购合法性产生影响，这进一步强化了该研究提出的并购合法性理论的解释力。

（3）该研究结果表明在东道国的研发联盟和并购经验能够提升外国国有企业跨国并购的合法性，从而有助于减少东道国监管机构的合理性审查，克服合法性障碍，进而有利于完成跨国并购。

5.2　理论构建

1. 概念模型与研究假设

该研究共提出 4 个假设，理论框架如图 5-1 所示。

该研究提出的假设如下。

（1）H1a：国有企业比非国有企业在东道国完成跨国并购的可能性小。

（2）H1b：国有企业比非国有企业在东道国从宣布到完成跨国并购所需的时间更长。

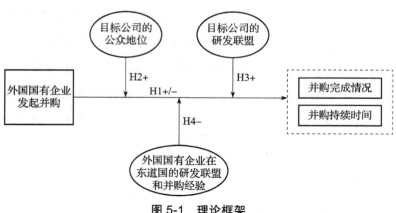

图 5-1　理论框架

（3）H2a：当目标公司是公开上市公司时，外国国有企业和跨国并购完成情况的负相关关系（见假设 H1a）加强。

（4）H2b：当目标公司是公开上市公司时，外国国有企业和跨国并购持续时间的正相关关系（见假设 H1b）加强。

（5）H3a：当目标公司拥有更多的研发联盟时，外国国有企业和跨国并购完成情况的负相关关系（见假设 H1a）加强。

（6）H3b：当目标公司拥有更多的研发联盟时，外国国有企业和跨国并购持续时间的正相关关系（见假设 H1b）加强。

（7）H4a：当并购方国有企业在东道国拥有更多的研发联盟和并购经验时，外国国有企业和跨国并购完成情况的负相关关系（见假设 H1a）减弱。

（8）H4b：当并购方国有企业在东道国拥有更多的研发联盟和并购经验时，外国国有企业和跨国并购持续时间的正相关关系（见假设 H1b）减弱。

2. 主假设解释机制：外国国有企业与其跨国并购结果间的关系

该研究从合法性视角提出母国的国有企业产权性质与跨国并购结果之间的解释机制，其逻辑链条如图 5-2 所示。

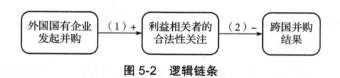

图 5-2　逻辑链条

作者在论述这一逻辑关系时，首先说明外国国有企业发起并购如何影响利益相关者的合法性关注，即逻辑链条的第一个环节，随后说明利益相关者的合法性关注如何影响跨国并购完成情况和持续时间，即逻辑链条的第二个环节。

（1）外国国有企业发起并购→利益相关者的合法性关注。作者首先解释了外国国有企业发起的并购如何引起东道国利益相关者对其合法性的担忧。其论据如下。

1）外国并购方的政府所有权性质是引起东道国政府对这一并购项目合法性关注的关键来源，导致东道国政府往往不容易接受来自外国国有企业的并购活动。一方面，国有企业可能代表了其本国政府而使得并购活动含有非商业目的，如政治利益等，从而引发东道国对威胁国家安全方面的担忧；另一方面，人们通常认为国有企业的经营效率和竞争力不及私有企业，并购不能为本土企业带来效益。

2）外国国有企业跨国并购的合法性容易被质疑。以美国的自由市场环境为背景，作者认为东道国政府在企业经济活动中仅仅发挥有限的作用，但外国国有企业会受到当地政府的较多干预，如政府补贴等，这与自由市场原则是相悖的，与东道国在价值观方面存在冲突。因此，这些并购活动也会受到东道国政府更多的质疑。

3）国有企业透明度低。国有企业往往会遮掩某些信息（如政治交易），造成东道国监管机构的信息不对称，为其准确评估外国国有企业质量带来挑战，从而很难评估企业的真实情况。

（2）利益相关者的合法性关注→跨国并购结果。围绕这一逻辑链条，作者解释了东道国监管机构的合法性担忧是如何影响国有企业并购结果的。其论据如下。

1）外国国有企业跨国并购的行为是介于不合法和被认为理所当然的行为之间，属于一种"有争议"的行为。这种有争议的活动，会引起地方监管机构的关注，并购结果受制于东道国监管机构合理化判断结果，此后才是决定是否批准。合理化判断实际上是尝试将有争议的行为进行合法化，并让其与主流的社会价值观保持一致。这个过程通常是耗时且不确定的，并会影响跨国并购的结果。

2）东道国政府关于跨国并购的模糊标准为监管机构进行合理化判断提供了自由裁量的空间。例如，监管机构需要评估外国企业并购是否会对美国本土带来潜在的国家安全威胁，但"国家安全"的概念是非常模糊的，监管机构需要自主裁定。

3）国外国有企业并购活动会引起监管机构的合法性担忧，进而依据以下标准来判断和决策并购交易是否规范和正当：交易性质、外国公司的并购动机、外国政府干预的可能性、外国公司与东道国当地意识形态的兼容性、并购对东道国国家安全和经济发展的影响。这个过程需要时间并且增加了批准的不确定性。

故而，作者提出该研究的主假设。

假设 H1a：国有企业比非国有企业在东道国完成跨国并购的可能性小。

假设 H1b：国有企业比非国有企业在东道国从宣布到完成跨国并购所需的时间更长。

3. 对主关系逻辑链条上潜在假设的讨论

作者为了提升解释主关系的逻辑机制的可信力，提出外国国有企业面临跨国并购的合法性关注水平同一系列与并购方和目标方相关的组织特征（如目标公司的公众地位、目标公司的研发联盟、外国公司在东道国的研发联盟和并购经验）密切相关，这些情景因素可能会对东道国在多大程度上关注外国国有企业并购起到增强或减弱的作用，进而改变政府所有权与并购结果之间的关系。据此，作者通过放松主关系逻辑链条上的潜在假设而提出一系列含有调节关系的假设。

（1）外国国有企业发起并购→合法性关注逻辑链条上的潜在假设：目标公司的公众地位。在解释主关系时，作者论述了外国国有企业跨国并购会引起东道国利益相关者对并购活动的合法性担忧，进而影响并购成功的可能性和并购审查持续时间。这里，在论述主关系的逻辑时，作者并没有考虑目标方的差异，而潜在假设认为目标公司的知名度是一样的。但现实中，相比并购非上市公司，外国国有企业跨国并购东道国的上市公司时，可能会引起东道国监管机构更多的合法性担忧，进而增加并购难度，影响跨国并购结果。也就是说，对于不同知名度的目标公司，东道国的利益相关者对外国国有企业跨国并购的合法性关注也不同。这一逻辑关系如图 5-3 所示。

沿着这一思路，作者引入目标公司的公众地位这一调节变量，并论述其是如何影响外国国有企业与跨国并购结果这一主关系的，其论据如下：

1）相比非上市公司，上市公司受到更大范围的舆论和公众关注。当跨国并购的目标为上市公司时，就会引起更大范围利益相关者的关注，而使得这项并购活动需要具备更高水平的合法性才能得到更广泛的认可。

2）公开上市的目标公司通常受到多个监管机构的持续监控和评估（如证券交易委员会、证券分析师及机构投资者和股东等）。当外国国有企业跨国并购的目标公司为上市公司时，很可能成为"聚光灯"的焦点，在这样的情景下，东道国监管机构会更加考虑利益相关者的诉求，增加评估并购项目合理性的难度。

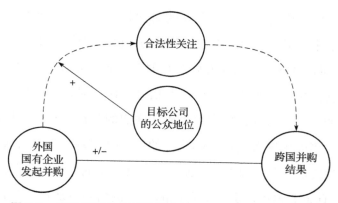

图 5-3 主关系理论机制的潜在假设：目标公司的公众地位

基于以上论述，作者提出以下假设。

假设 H2a：当目标公司是公开上市公司时，外国国有企业和跨国并购完成情况的负相关关系（见假设 H1a）加强。

假设 H2b：当目标公司是公开上市公司时，外国国有企业和跨国并购持续时间的正相关关系（见假设 H1b）加强。

（2）外国国有企业发起并购→合法性关注逻辑链条上的潜在假设：目标公司的研发联盟。紧接着，作者从目标公司的另一特征入手，认为目标公司在当地建立的研发联盟可能会提高外国国有企业跨国并购的门槛。而在主关系的论述中，作者实际上是假设目标公司对于本国的价值是一样的。显然，这一潜在假设在现实中并不必然成立。如果目标公司拥有更为广泛的研发联盟，那么一旦被收购，其研发网络都会并入外国国有企业的研发网络中，这必然会引起东道国监管机构更大的担忧，进而增加并购难度，影响跨国并购结果。这一逻辑关系如图 5-4 所示。

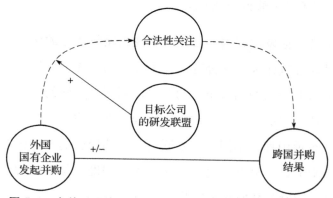

图 5-4 主关系理论机制的潜在假设：目标公司的研发联盟

沿着这一思路，作者引入目标公司的研发联盟这一调节变量，并论述其如何影响外国国有企业与跨国并购结果这一关系的强度，其论据如下：

1）目标公司在本地建立的研发联盟有助于企业分散研发活动风险和成本，并获得更多的创新回报；作为重要的资源和信息来源，研发联盟也能帮助企业获得其他企业创新的信息。另外，拥有更多研发联盟的公司本身是积极的创新者，也拥有关键技术。当外国国有企业并购这样的目标公司时，就会引起研发联盟伙伴和东道国政府对技术外泄、知识产权流失的担忧，从而增加跨国并购的难度。

2）外国国有企业很可能会与其母国的国家机构共享从目标公司获得的技术。这种技术共享会引起目标公司的研发联盟伙伴更多的关注，担心宝贵的资源流失、联盟伙伴的竞争优势丧失。因此，目标公司的研发联盟组织可能会游说东道国监管机构，阻止并购或放缓审查进度，进而影响并购结果。

3）东道国也会关注国家安全问题。当外国国有企业将其从目标公司获得的技术转让给其母国国防、电信等国家战略领域的企业时，会对东道国的国家安全构成威胁。例如，在阿尔卡特－朗讯（Alcatel-Lucent）并购案中，美国政府设置了大量监管障碍，主要是因为担心先进技术会被外国公司和政府夺走。

4）外国国有企业的管理程序较不透明，这使得东道国监管机构难以密切监测并购方与被并购方之间的技术转让，从而加剧了东道国监管机构对技术外泄的担忧。

基于以上论述，作者提出如下假设。

假设 H3a：当目标公司拥有更多的研发联盟时，外国国有企业和跨国并购完成情况的负相关关系（见假设 H1a）加强。

假设 H3b：当目标公司拥有更多的研发联盟时，外国国有企业和跨国并购持续时间的正相关关系（见假设 H1b）加强。

（3）外国国有企业发起并购→合法性关注逻辑链条上的潜在假设：外国国有企业在东道国的研发联盟和并购经验。在主主关系的论述中，作者实际上是假设东道国的利益相关者对外国的国有企业的合法性判断是一样的，即不管从哪个国家来的国有企业，所引起的对跨国并购活动的合法性关注是无差异的。但显然，这并不一定。对在东道国拥有不同的研发联盟和并购经验的外国国有企业而言，东道国利益相关者对其跨国并购行为的合法性关注程度也是不同的，从而影响了跨国并购结果。这一逻辑关系如图 5-5 所示。

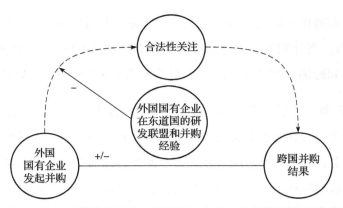

图 5-5　主关系理论机制的潜在假设：外国国有企业在东道国的研发联盟和并购经验

顺着这一逻辑，作者论述外国国有企业在东道国的研发联盟和并购经验这一调节变量的作用，其论据如下：

1）与东道国公司的结盟和在东道国的并购经验证实了该外国国有企业的信誉，有助于证明该外国国有企业的并购行为是合法的、正当的，并得到了东道国利益相关者广泛的支持和认可。本土企业也倾向于与具有该类特征的外国国有企业联盟或将其业务出售给这样的企业，这些都有助于当地监管机构判定该外国国有企业发起的跨国并购是合理的。

2）对有与东道国企业结盟和并购经验的外国国有企业而言，它们能更好地处理随后的并购活动中出现的可能导致合法性关注的问题。首先，在东道国的结盟和并购经验有助于它们积累在当地的社交网络和关系资本，这可以帮助它们识别正确的并购对象，避免引起东道国监管机构的担忧。其次，拥有更多在东道国活动经验的外国国有企业能更熟练地制定策略，与当地利益相关者进行有效的谈判和沟通，灵活地采取适合东道国环境的组织惯例和做法，缓和东道国监管机构的合法性关注，进而提高并购成功的可能性，缩短并购持续时间。

3）与东道国公司的结盟和并购经验有助于提高东道国监管机构对外国国有企业的熟悉程度，从而减少并购障碍。一方面，当地监管机构已经掌握了该外国国有企业在本地的运营信息，已经验证了该企业具有可信度和合法性；另一方面，拥有更多与东道国公司结盟和并购经验的外国国有企业的行为模式很可能与本土企业相似，从而降低监管机构的审查力度。

基于以上论述，作者提出如下假设。

假设 H4a：当并购方国有企业在东道国拥有更多的研发联盟和并购经验时，

外国国有企业和跨国并购完成情况的负相关关系（见假设 H1a）减弱。

假设 H4b：当并购方国有企业在东道国拥有更多的研发联盟和并购经验时，外国国有企业和跨国并购持续时间的正相关关系（见假设 H1b）减弱。

【**点评**】正如《管理研究的思维方式》一书 5.4 节所指出的，为了更好地发挥调节变量的作用，让读者更相信我们所构建的理论，一般可以考虑找两个发挥不同作用的调节变量，分别加强和减弱主关系的强度，从而证明在各种情景下理论解释都是成立的，以增强理论的可信力。例如，该研究指出并购方在东道国的并购经验和联盟经验弱化了主关系，而目标方的公众地位和研发联盟经验则强化了主关系。

5.3　研究设计

1. 样本选择

作者从 SDC（securities data corporation）数据库中提取了 1990 ～ 2012 年在美国发生的跨境并购活动的样本，最终得到 1 367 条观测数据。

2. 因变量

并购完成情况（acquisition completion）：如果外国公司在并购宣布日之后完成并购，则将并购完成情况赋值为 1，否则赋值为 0。

并购持续时间（acquisition duration）：并购宣布日期与并购完成日期之间的间隔天数。

3. 自变量

外国国有企业（state-owned foreign firm）：如果外国政府拥有该公司至少 50% 的股份，则将外国国有企业变量赋值为 1，否则赋值为 0。

4. 调节变量

目标公司的公众地位（target public status）：如果目标公司公开上市，则赋值为 1，否则为 0。

目标公司的研发联盟（target R&D alliance）：目标公司在发布并购公告前三年内在美国成立的研发联盟数量。

在东道国的联盟经验（host-country alliance experience）：在发布并购公告之

前的三年内，一家外国公司在美国成立的跨国联盟的数量。

在东道国的并购经验（host-country acquisition experience）：在发布并购公告前三年内，一家外国公司在美国完成的并购数量。

5. 控制变量

该研究的主要控制变量如下。

交易属性（deal attributes）：使用两个变量来控制，一是用外国公司拟并购股份百分比；二是判断跨国并购是否属于同一行业的并购，如果外国公司与本地目标公司属于同一行业，则赋值为 1，否则赋值为 0。

目标公司属性（target attributes）：目标公司是子公司，则赋值为 1，否则赋值为 0。

行业属性（industry attributes）：作者采用了三个行业层面的变量，分别是行业集中度、外商持股比例、并购完成率。

6. 研究方法

以并购完成情况作为因变量的回归，采用 Logit 模型；以并购持续时间为因变量的回归，采用 OLS 模型。

5.4　研究结果

首先，研究结果表明外国国有企业在跨国并购完成中所经历的时间较长，但没有证据表明政府所有权会降低跨国并购完成的可能性。其次，研究结果表明无论并购方是国有企业还是私营企业，目标公司的公众地位都会引致并购合法性障碍，对并购结果产生负面影响；目标公司拥有更多的研发联盟经验时，外国国有企业比非国有企业更不可能完成并购交易；外国国有企业在东道国的联盟经验越丰富，越能提高其处理当地利益相关者关注的问题的能力，有助于完成并购，缩短并购期限；外国国有企业在东道国的并购经验只会促进并购完成。

5.5　该研究的局限性

作者在文献中指出该研究存在的一些不足，具体如下。

（1）该研究只在美国背景下验证了理论。美国更加强调市场经济，认为政府在企业经营中应该发挥有限的作用，所以，当地监管机构对外国国有企业跨国并购的合法性担忧尤为突出。但不同的国家对并购合法性的关注不同，未来可以验证该研究提出的理论是否也适用于解释不同制度背景下的跨国国有企业的并购活动。

（2）在跨国并购中，宏观政治因素也起到非常重要的作用。未来的研究可以纳入宏观政治因素作为调节变量，这有助于更好地理解政府所有权与跨国并购结果之间的关系。

5.6 对该研究的思考

做出研究创新的一个方法就是在解释两个概念之间的关系时，围绕一个理论视角，提出一套理论解释二者之间的关系，并进一步在统一的框架下通过放松主关系逻辑上的潜在假设来引入若干调节因素，从而构建起一套完整的理论体系。

作者梳理现有研究发现已有学者注意到外国企业到东道国发起跨国并购时，会因为缺乏合法性而影响并购结果，但研究主要集中在分析体制层面因素对跨国并购结果的影响上。作者从并购方的国有企业性质会带来东道国合法性担忧而影响并购结果这一逻辑出发，构建理论，提出了外国国有企业发起跨国并购→东道国对并购活动的合法性关注→跨国并购结果这一逻辑链条，认为相比外国私营企业，外国国有企业会引起东道国监管机构更多的合法性担忧，导致跨国并购结果不确定性更大，耗费时间更长。

围绕这一理论逻辑，作者分析并放松了逻辑链条上的潜在假设，据此引入情景因素而构建调节关系假设，增强所构建理论的解释力。

其一，任何理论都存在潜在假设。我们构建理论的逻辑链条不宜太长，一般是 A→M→B 这种模式，即存在两个逻辑环节，而 M 就是通常所讲的影响 A 与 B 之间因果关系的中间机制。在这个逻辑链条上，无论是 A→M 还是 M→B 都必然存在一些潜在的假设。放松这些潜在假设，引入情景因素，构建调节关系假设，是提升理论解释力的首要途径。例如，在该研究中，作者就从放松逻辑链条上第一个环节的潜在假设入手，引入三个调节变量，如图 5-6 所示。

其二，从提升理论解释力的角度来看，尽量避免从放松同一个潜在假设入手引入不同的调节变量，这样实际上是论述同样的逻辑，不能有效提升理论的解释力。最佳的状况是从不同的潜在假设入手提出不同的情景因素，并且最好不同的情景因素对逻辑关系的影响是相反的，即在某些情景下增强主关系，而在另外一些情景下弱化主关系。例如，该研究就分别从并购方和目标方入手提出不同的情景因素，并且发挥不同的调节效果，进而构成完美的理论框架。

不过，需要注意的是，该研究都是在逻辑链条的第一个环节放松潜在假设，如果还能放松在逻辑链条的第二个环节的潜在假设，那对提升理论解释力也会有贡献。就该研究而言，作者认为东道国利益相关者对并购的合法性关注越强，那么跨国并购越难完成，需要的时间也越长。这里，作者就有这样的潜在假设：监管部门审查相关并购活动的经验是一样的。那么，从监管部门的经验入手，即使并购项目所引起的合法性关注是一样的，如果监管部门越缺乏相关并购活动的审查经验，这类并购项目完成的难度也就越大。

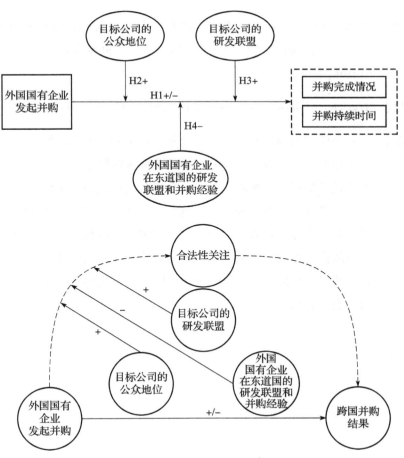

图 5-6 该研究的潜在假设和调节机制

第 6 章

调节变量对理论构建的作用

【文章题目】《企业慈善捐赠和企业财务绩效：利益相关方响应和政治准入的作用》
（"Corporate Philanthropy and Corporate Financial Performance：The Roles of Stakeholder Response and Political Access"）

【文章作者】王鹤丽（Heli Wang），香港科技大学（Hong Kong University of Science and Technology）；钱翠丽（Cuili Qian），香港城市大学（City University of Hong Kong）

【文章来源】*Academy of Management Journal*，2011，54（6）：1159-1181（UTD24）

【文章概要】企业慈善捐赠被认为有助于企业获得社会和政治合法性，从而能够引起利益相关者的积极响应，并获得政治准入的诸多优势，从而对企业的财务绩效产生积极的影响。对于公众知名度更高的公司和过去绩效更好的公司，其慈善 – 绩效的正向关系更强，因为这些公司的慈善捐赠得到了更多的利益相关者的积极响应。非国有或没有政治关联的公司被证明可以从慈善捐赠中受益更多，因为对这类公司而言获得政治资源更为重要。该研究利用 2001 ～ 2006 年中国上市公司的数据进行实证分析，支持了上述观点。

6.1　研究背景

1. 写给谁看

关于企业慈善捐赠与盈利能力间关系的研究，在很大程度上尚无定论。该研究主要写给关注慈善捐赠或企业履行社会责任的经济后果的学者。

【点评】该研究开篇第一句话就点明立足于有关企业慈善捐赠与企业盈利之间关系的研究这一脉络，目的在于回答有关企业慈善捐赠的经济后果的问题。

2. 我们知道什么

作者详细梳理了现有研究关于上述关系存在争议的观点。一些学者认为，企业慈善捐赠能正向影响企业财务绩效。其论据是，有关慈善捐赠的决策一方面可以推广产品，提升品牌形象，从而起到公益营销的作用，进而战略性地提高企业的形象和声誉；另一方面它可以减轻声誉损失的风险并从利益相关者那里获取关键资源，提供类似保险的保护，从而增加公司"道德资本"的价值。

相反，一些学者则认为，企业慈善捐赠负向影响企业财务绩效。其论据如下：一是慈善捐赠可能将宝贵的资源转移到与经营无关的领域，是一种纯公司支出；二是许多企业缺乏对社会事业进行有效投资的专业知识，高层管理者可能会利用慈善捐赠来提升个人声誉和职业发展。鉴于此，企业应该聚焦于利用这些资源来提高经营效率，而不是将企业资源用于慈善捐赠活动。

【点评】作者通过回顾有关企业慈善行为和财务绩效间关系的研究，概括出两方面对立的观点，从而引出现有研究存在的不足，这也与《管理研究的思维方式》一书中所强调的一致，即通过阅读和梳理文献找出现有理论的缺口，进而发现和探索"新问题"。尤其是当现有研究就某一关系提出完全相反的观点时，那么就立马能提出一个重要的理论问题，即如何化解这一矛盾。

3. 我们不知道什么

显然，我们并不清楚企业的慈善行为到底能带来怎样的经济后果，以及这种经济后果是如何产生的。

4. 这会有何影响

慈善捐赠的经济后果如果不确定就会削弱企业做慈善的动力，改变企业做慈善的动机，从而导致企业履行社会责任的倡议很难推进。另外，这也是有关企业社会责任研究领域的核心问题，不解决这一问题，也不利于该领域的发展。

5. 如何解决这一问题

解决这一矛盾的一种方法是认识到不同的公司不能从慈善捐赠中获得同等的收益，这取决于某些关键的社会因素和政治因素。该研究的创新点就是通过揭示企业慈善捐赠可能对企业财务绩效产生积极影响的潜在机制，系统地识别了这些影响因素。

作者认为在确定公司是否可以从慈善捐赠中获得利益时，有两种机制至关重要：利益相关者响应（stakeholder response）和政治准入（political access）。一方面，企业慈善捐赠可以帮助企业获得社会合法性或公众认可，进而获得利益相关者（包括员工、供应商、客户和社区的居民等）的合作和支持。另一方面，企业慈善捐赠有助于企业获得政治准入（即政治合法性或政府官员的批准），从而获得至关重要的政治资源。

进一步地，作者指出，虽然目前对企业的社会合法性和政治合法性水平很难衡量，但可以确定一些可能会影响企业从这些合法性中受益程度的情景因素。具体而言，该研究认为，利益相关者会更积极地响应那些知名度较高的公司（广告强度较高且在较发达市场经营的公司）以及与利益相关者预期一致的公司（过去财务绩效越好的公司越有资源去捐款）开展的慈善活动。

此外，在许多国家，其政府在影响企业获得资源和享受政策红利方面起着至关重要的作用。基于资源依赖理论（Pfeffer、Salancik，1978），作者认为有些公司比其他公司更依赖政府提供的关键资源。基于以上观点，作者认为对政府依赖度更高的公司应该更需要获得政治合法性，因此，更有可能从企业慈善捐赠中受益。

【点评】该研究从利益相关者响应和政治准入视角来构建解释企业慈善行为如何产生经济绩效的解释机制，即企业慈善行为通过影响利益相关者的响应和政府准入，改变公司获取资源的能力而最终对企业绩效产生不同的影响。进一步地，为了提高这一解释机制的可靠性，作者还考察了各种情景因素下对这一解释机制所发挥作用强度的影响。这一思路与《管理研究的思维方式》一书 5.4 节相呼应，如果在不同的情景下，理论上预测不同合法性所产生的效果差异得到现实企业经验的支持（如实证数据的支持），那么就有理由相信这套解释机制是可信的。这里有两个很关键的问题：其一，如何选择情景因素，即为何选择这些情景因素（如该研究中给出的四个情景因素）而不是其他情景因素？其二，这些情景因素发挥着怎样的作用？它们如何影响潜在机制所发挥作用的强度？这就要从发掘主关系的解释机制中的潜在假设入手，通过放松这些潜在假设来引入恰当的情景因素，进而分析其对主关系逻辑链条上关系强度的影响。

6. 贡献在哪儿

完成以上研究工作，该研究的主要贡献体现在以下几方面。

（1）验证了企业慈善捐赠的经济价值。关于企业慈善捐赠与企业财务绩效之间关系的研究尚无定论，且以往没有关于转型经济中企业慈善捐赠与财务绩效之间关系的研究。作者从合法性理论视角入手，基于中国数据分析验证了企业可以从慈善捐赠中获得社会合法性和政治合法性进而提高经济利益的观点。

（2）揭示企业慈善捐赠对企业财务绩效产生积极影响的潜在机制，并发掘了逻辑链条上的潜在假设，通过纳入一些情景因素（引入调节变量），强化了理论解释的说服力。该研究基于企业慈善捐赠有助于企业获得社会合法性和政治合法性这一理论，确定了两种机制，即引发利益相关者的积极响应和获得政治准入，构建了慈善捐赠和财务绩效之间关系的理论基础。

作者还进一步阐明了影响企业慈善捐赠与财务绩效关系的情景因素。该研究发现，企业知名度、利益相关者的期望和企业对政治资源的依赖程度对这一关系有显著的正向调节作用，这表明企业自身的特征及其社会政治环境在决定其从企业慈善活动中获益上起着重要作用。

（3）有助于引导企业更科学地参与慈善捐赠。理论界对于企业是否应该参与慈善捐赠一直存在争议。作者研究分析认为，慈善捐赠不仅符合中国的传统价值观（从而得到各利益相关者的积极响应），而且可以帮助中国企业获得合法性和政府的支持。因此，企业将资源投入到慈善活动中通常对企业是有益的。但该文献进一步证明，企业想从慈善捐赠中获得利益并不都是有效的。那些已经积极参与慈善捐赠的企业应该想办法吸引利益相关者的注意，并让他们意识到企业的社会贡献。此外，企业慈善捐赠与财务绩效之间的关系随着过去的财务绩效的增加而增强，所以成功企业应该更加积极地参与慈善捐赠活动。另外，民营企业应更积极地参与慈善捐赠活动，因为它们更需要政府的支持和资源。

6.2 理论构建

1. 概念模型与研究假设

该研究共提出 6 个假设，理论框架如图 6-1 所示。

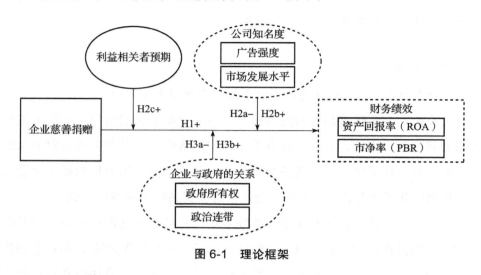

图 6-1　理论框架

该研究提出的假设如下。

（1）H1：企业慈善捐赠与企业财务绩效正相关。

（2）H2a：企业慈善捐赠与财务绩效之间的正相关关系随着广告强度的增加而增强。

（3）H2b：企业慈善捐赠与财务绩效之间的正相关关系随着企业所在市场发展水平的提高而增强。

（4）H2c：企业慈善捐赠与财务绩效之间的正相关关系随着公司过去财务绩效水平的提高而增强。

（5）H3a：与政府控股的企业相比，民营企业的慈善捐赠与财务绩效之间的正向关系更强。

（6）H3b：与有政治关联的企业相比，在没有政治关联的企业中慈善捐赠与财务绩效之间的正向关系更强。

2. 假设 1 的解释机制：企业慈善捐赠与财务绩效正相关

作者提出两套解释机制，分别是企业慈善捐赠通过对利益相关者响应或政治合法性的影响而影响企业财务绩效，其逻辑链条如图 6-2 所示。

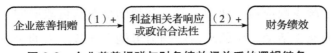

图 6-2　企业慈善捐赠与财务绩效间关系的逻辑链条

作者在论述这一逻辑关系时，首先说明企业慈善捐赠如何影响利益相关者响应或政治合法性，即逻辑链条的第一个环节，随后说明利益相关者响应或政治合法性如何影响财务绩效，即逻辑链条的第二个环节。

（1）慈善捐赠→利益相关者响应或政治合法性。在这一逻辑链条上，作者首先解释了企业通过慈善捐赠如何获得社会合法性从而得到利益相关者响应的问题，即逻辑链条的第一个环节。其论据如下：

企业慈善捐赠是指企业向政府和慈善机构开展的各类捐赠活动，如与教育、文化、艺术、医疗和救灾有关的捐赠。越来越多的利益相关者已经开始将企业慈善捐赠视为一种适当和合法的企业活动。企业慈善捐赠可以被视为企业与主要利益相关者建立更好关系的一种方式，从而获得利益相关者积极的响应，增加对企业的支持。例如，当员工认为捐赠的企业是有道德的时，就会更强烈地认同和支持公司。对社会做出重大贡献的公司通过慈善捐赠也可以提升其对社会负责的公众形象，从而有助于公司获得客户的支持。

随后，作者解释了企业通过慈善捐赠如何获得政治合法性而得到政治准入的问题。企业慈善捐赠有助于减轻政府负担，进而获得政府支持，尤其当政府自身资源有限时，企业的慈善捐赠行为会受到政府的赞赏。

（2）利益相关者响应或政治合法性→财务绩效。紧接着，作者就要解释逻辑链条的第二个环节。

首先要说明社会合法性如何影响财务绩效。获得利益相关者和政府官员的认可本身不能直接影响财务绩效，但是企业持续生存所需的某些资源的分配往往不是由企业完全控制的，而是由一些关键利益相关者和一些政府机构来控制的，慈善捐赠有助于消除企业关键利益相关者和政府的担忧，可以对企业的财务绩效产生重要影响。这一观点很大程度上与利益相关者理论和企业社会责任文献中的一些最新发现相一致。

其次要说明政治合法性如何影响财务绩效。慈善捐赠可能有助于企业获得政治合法性，从而获得对企业长期生存至关重要的政治资源。其内在解释机制是，对社会事业的贡献向政府机构发出信号，表明企业管理者是真诚地在与政府合作。

这种信号有助于减少政府对企业的监管，并帮助企业获得政府的优惠政策和其他支持。通过企业慈善活动产生的政治影响力可能会导致未来的政府决策对企业有利。已有研究表明，政府往往会影响甚至严格控制信贷，但企业慈善捐赠有助于降低获得信贷的难度。

【点评】到此，作者便对逻辑链条上的各个环节都做了论述。需要注意的是，当我们用这样的逻辑框架来解析论文时会发现，作者在论述逻辑关系时并不是完全依照这个体系来开展论述的，而且每个部分论述的详略程度也有不同。当然，如果严格依照逻辑链条来组织文章内容，逻辑就会更加清晰。

（3）**中国情景的影响**。作者进一步结合中国情景说明上述逻辑链条在中国同样发挥作用，并且作用更强。当前的管理学研究，普遍存在借用西方的管理理论来解释中国企业的管理问题的现象，这就存在一个制度情景差异的问题。那么，西方理论是否适用于中国情景呢？在做研究中，基于西方理论所构建的逻辑框架能否在中国情景下成立是很关键且需要讨论的。就此，作者提出的论据如下：

社会合法性和政治合法性对中国企业的成功至关重要。一方面，由于传统价值观和社会政治因素的影响，中国的利益相关者对企业慈善捐赠抱有更大期望，他们会对企业慈善捐赠做出积极响应，表现出更积极的合作和支持。另一方面，中国政府和地方当局更愿意与积极参与慈善捐赠的公司和管理者合作。

故而，作者提出该研究的主假设。

假设H1：企业慈善捐赠与企业财务绩效正相关。

3. 对主关系逻辑链条上潜在假设的讨论

正如《管理研究的思维方式》一书5.4节所指出的，任何一套解释机制都有其潜在假设和前提条件，为了提高解释机制的说服力和解释力，就需要探讨在放松这些潜在假设后这一解释机制是否依然成立的问题。这里的基本原理在于：如果所提出的解释机制是可靠的，那么在不同的情景下，其应该依然发挥作用，只是发挥作用的强度不同。这也是引入情景因素的目的所在，即增强理论的可靠性。

回到该研究的具体问题，在支撑主关系成立的机制中（利益相关者响应和政治准入），尽管慈善捐赠可以帮助企业获得利益相关者和政府的支持，从而与企业财务绩效成正相关，但随着公司经营环境的不同，慈善捐赠与财务绩效之间的关系也可能发生显著变化。作者也正是依据每一个解释机制上的潜在假设去发掘情景因素，构建含有调节关系的假设。

（1）企业慈善捐赠→利益相关者响应逻辑链条上的潜在假设：公司知名度。要想利益相关者对企业慈善捐赠做出响应，首先要保证利益相关者能知道企业捐赠了。在主关系的论述中，作者实际上是假设有关企业捐赠的信息是完全被利益相关者知道的，即企业是知名度高的企业。显然，这一潜在假设在现实中并不必然成立，也就是说企业的知名度存在差异。相比一家知名度高的企业，如果一家企业没有知名度，那么即便其参与了慈善捐赠，如果利益相关者不能注意到或知道企业捐赠的事情，也不会做出响应。也就是说，对不同知名度的企业而言，利益相关者对企业慈善行为的响应也就不同。这一逻辑关系如图 6-3 所示。

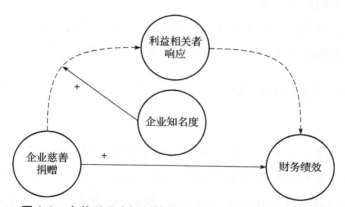

图 6-3　主关系理论机制的潜在假设：企业知名度的影响

沿着这一逻辑，即通过放松这一逻辑链条上的潜在假设，作者引入企业知名度这一调节变量，并论述当企业知名度不同时，如何影响企业慈善捐赠→利益相关者响应这一关系的强度，其论述如下：

企业知名度是利益相关者回应公司行动的先决条件。一些研究表明，企业的知名度通常与其利益相关者的积极响应有关（包括投资者和媒体的好评、客户支付溢价的意愿）并增加对潜在联盟合作伙伴的吸引力。利益相关者是基于了解一家企业及其慈善活动的信息才能做出有意义的回应的。

因此，知名度应该增加公司可能从企业慈善捐赠中获得的利益。在低知名度和利益相关者意识不强的情况下，公司不会从慈善捐赠中受益。

【点评】《管理研究的思维方式》一书 5.5 节指出，在论述情景因素的作用时，我们需要讨论在不同情况下，如情景变量变强或减弱时，会对所关注的逻辑关系产生怎样的影响。这里，作者就说明了企业知名度为何会影响利益相关者响应以及如何作用在企业慈善捐赠和利益相关者响应这一关系上。

接下来，作者就如何操作化企业知名度这一概念提出用公司广告强度和市场发展水平这两个指标来衡量。选用这两个指标更多的是因为作者受到已有文献、研究数据的可获得性及个人偏好的影响。例如，我们也可以用媒体对企业的报道量来衡量企业知名度。随后，就要给出论据来说明为何广告强度和市场发展水平可以衡量企业知名度，以及广告强度和市场发展水平如何具体影响到企业慈善捐赠与利益相关者响应关系的强度。

公司的广告强度可以作为衡量其知名度的重要指标之一。显然，高广告强度和营销活动会吸引外部利益相关者更多的关注。因此，广告投入大的公司更容易被各利益相关者所知，其慈善捐赠也更可能被认可，进而做更多广告的公司可能会从其企业慈善捐赠中受益更多。基于以上论述，作者提出如下假设。

假设 H2a： 企业慈善捐赠与财务绩效之间的正相关关系随着广告强度的增加而增强。

除了广告强度，一家公司的知名度也取决于它所经营的市场的发展水平。一般来说，在发达市场中经营的公司更加透明，在公众和利益相关者中有更高的能见度，公众可以直接从公司获得信息，或通过其他渠道（如媒体或股票市场）获得信息。更发达的市场为企业提供了更高的交易效率、更先进的技术、更多的媒体曝光和更高效的资本市场，促进信息从企业流向其利益相关者。因此，位于较发达市场的企业的利益相关者更有可能更及时、准确地了解企业的慈善捐赠，在欠发达市场的企业的慈善捐赠则因为相关信息没有得到有效传递而受到较少关注。

在中国，不同地区的市场发展水平不尽相同，沿海和东部地区市场比较发达，中西部地区大多不发达。因此，中国各地区在信息流、技术和基础设施方面存在较大差异。基于这一逻辑，作者提出如下假设。

假设 H2b： 企业慈善捐赠与财务绩效之间的正相关关系随着企业所在市场发展水平的提高而增强。

（2）**企业慈善捐赠→利益相关者响应逻辑链条上的潜在假设：利益相关者预期一致性**。在主关系的论述上，作者还假定利益相关者是认可或预期企业会捐赠的，捐赠具有社会合法性。但是，这并不一定。例如，企业财务绩效差的时候利益相关者一般会认为企业没有额外的资源参与捐赠活动，而这种情况下捐赠就不具有社会合法性。只有当企业盈利时，利益相关者才会认为企业能有更多的资金和物资投入到那些超出业务范围的活动中。那么，对不同盈利能力的公司而言，利益相关者对公司慈善行为的响应也不同。这一逻辑关系如图 6-4 所示。

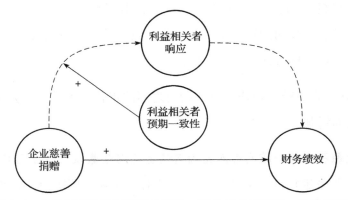

图 6-4　主关系理论机制的潜在假设：利益相关者预期一致性的影响

沿着这一逻辑，即通过放松这一逻辑链条上的潜在假设，作者引入利益相关者预期一致性这一调节变量，并论述当公司盈利能力不同时，如何影响这一逻辑关系的强度，具体如下。

企业慈善捐赠被认为是一种社会活动，往往远离企业的核心业务，很可能面临各种制约因素。其中，企业的盈利能力（过去的财务绩效）被认为是企业慈善捐赠最重要的制约因素之一。一个财务绩效好的公司拥有更强的财力和物力，可以从事慈善活动。利益相关者对企业慈善捐赠的预期及对企业慈善捐赠的响应会受到公司在财务上受限制不能从事此类活动的程度的影响。

利益相关者往往预期一家财务绩效更好的公司能为社会做出更多贡献，且他们有更强的动机去响应那些做慈善的企业。相反地，当一家公司绩效不佳时，利益相关者会认为公司有限的资源应该用来改善其经营业务，而不是被转移到慈善活动中。按照这一逻辑，财务绩效好的公司应该比财务绩效差的公司从企业慈善捐赠中获益更多，因为前者更可能从他们的慈善捐赠中得到利益相关者的积极响应。

　　作者进一步结合实用合法性（pragmatic legitimacy）和道德合法性（moral legitimacy）的思想来解释这一逻辑。"实用合法性"是指利益相关者对组织满足其诉求水平的评估，而"道德合法性"是指公众对组织及其活动是否符合社会规范的评价（Suchman，1995：578-579）。高盈利能力的公司通过对利益相关者提供切实的回报，如为员工提供更好的报酬、向股东提供更高的股息及向客户提供质量更好的产品，更有可能获得实用合法性。但如果一家公司缺乏实用合法性（即不能满足利益相关者的基本诉求），那么利益相关者就会排斥旨在获得社会政治或道德合法性的公司行为。换句话说，当公司履行了满足其基本财务需求的责任时，利益相关者对公司的社会贡献做出积极响应的动力就更强。

　　基于以上论述，作者提出如下假设。

　　假设 H2c：企业慈善捐赠与财务绩效之间的正相关关系随着公司过去财务绩效水平的提高而增强。

　　（3）企业慈善捐赠→政治准入逻辑链条上的潜在假设：企业与政府间的关系。作者在构建主关系逻辑链条上的第一个环节时，实际上假定企业都能通过慈善捐赠获得政治合法性的提升。但是对于不同类型的企业，这个效益是不同的。例如，对目前已拥有政治关系的企业而言，企业再通过慈善捐赠所获得的政治合法性就不会太大。据此，作者围绕主关系逻辑链条上第一个环节的潜在假设，提出不同类型的企业通过慈善捐赠获得的政治准入（政治资源和政治合法性）并不相同，即企业从慈善捐赠中所能获得的经济利益取决于企业已获得的政治准入水平。这一逻辑关系如图 6-5 所示。

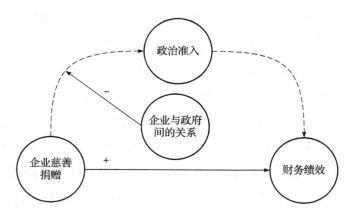

图 6-5　主关系理论机制的潜在假设：政企关系的影响

沿着这一逻辑，即通过放松这一逻辑链条上的潜在假设，作者引入企业与政府间的关系这一调节变量，并论述当企业与政府间的关系存在不同时，如何影响这一逻辑关系的强度。

世界各地的政府都对企业施加重大影响。政府政策及其执行对企业经营产生了关键影响。政府通过制定政策和法规，可以确定商业规则、市场结构（如进入壁垒）等。根据资源依赖理论，企业可以采取行动来降低与政府影响相关的风险和不确定性，从而提高其财务绩效。已有研究探讨了企业为建立良好的企业与政府间的关系可能采取的各种措施，包括游说、宣传，以及提供财政捐助、组建联盟和为政府官员提供就业机会等。企业慈善捐赠可以满足政府提供社会服务的需要，进而成为与政府建立关系的替代方式。因此，从资源依赖的角度来看，企业慈善捐赠帮助企业降低了与政府影响相关的风险，而更依赖政治资源的企业更有可能从企业慈善捐赠中获益。据此，作者提出两个可能决定企业对政府依赖程度的具体因素：政府所有权和政治关联。

作者先说明了是否拥有政府所有权对企业通过慈善捐赠获得的政治准入的影响是不同的。国有企业的领导者一般不必像民营企业的领导者那样担心没有政治准入，因为这些企业在进入产品和资本市场方面已经享有优惠待遇。一方面，国有企业具有显著优势，原因是相对于民营企业，其拥有与政府更密切的联系；另一方面，非国有企业更需要通过慈善活动与政府建立良好关系，获得政治准入。

随后作者又进一步结合中国情景说明这一逻辑同样发挥作用。在中国，民营企业会将参与慈善活动视为与政府官员建立友好关系的手段。一项调查显示，超过 99% 的政府官员和 80% 的民营企业家认为，当企业家及其企业为当地事业做出贡献时，其社会和政治地位得到明显提升。

以上论证表明，在相同的企业慈善捐赠水平上，与国有企业相比，非国有企业所获得的政治准入更多，故而能给其带来更高的经济回报。

基于以上论述，作者提出如下假设。

假设 H3a： 与政府控股的企业相比，民营企业的慈善捐赠与财务绩效之间的正向关系更强。

接下来，作者说明了拥有不同政治关联的企业通过慈善捐赠所能获得的政治收益也不同，其论据如下。

有政治关联的企业可以享受国有企业（如银行或原材料生产商）的优惠待遇、税收优惠、政府合同竞争优惠等。已有研究对来自 35 个国家的 450 家具有政治关联的企业进行分析，结果发现政治上有关联的公司比无政治关联的公司更容易获得政府补助。作者又结合中国情景，指出在中国企业和政府之间的政治关联非常普遍，甚至一些民营企业也可能有具有强大政治背景的总经理或董事长。对中国企业来说，与政府建立良好关系往往有助于其获得政府支持和银行贷款等关键资源。

没有政治关联的公司为获得对公司增长至关重要的生产要素和资源，会具有获得政治资源的强烈动机。缺乏政治关联的公司更需要用慈善捐赠来建立和维护与政府之间的良好关系。相比之下，已拥有政治关联的公司几乎不需要这样做。因此，企业从慈善捐赠中获得政治利益的大小应该取决于其对政治资源的需求。

基于以上论述，作者提出如下假设。

假设 H3b： 与有政治关联的企业相比，在没有政治关联的企业中慈善捐赠与财务绩效之间的正向关系更强。

【**点评**】延续该研究的逻辑，我们可以考虑另外一个情景因素，如当地政府的财政能力。当一个地方政府自身资源有限而更需要企业帮助政府减轻社会负担时，企业捐赠能给企业带来更多的政治合法性，故而这种情况下我们可以认为地方政府的财政能力可以作为调节慈善捐赠→政治准入这一逻辑关系的情景因素。

我们在构建理论时需要反复推敲其中的解释是否合理和有说服力，而不能凭空而论，应结合实际（做研究不能脱离实际，在提出假设过程中也需要结合现实中的实例来佐证理论的合理性）来思考哪种解释可能更为合理。这也是《管理研究的思维方式》一书 5.4 节多次强调的要点。

6.3　研究设计

1. 样本选择

研究样本包括 2001 ～ 2006 年在深交所和上交所上市的所有中国公司。选 2001 年作为初始年，是因为在那一年之后上市公司的信息披露质量大大提高。该研究的数据来源有：CSMAR 数据库、国民经济研究所（NERI）披露的数据和公司年度报告。NERI 提供省级市场发展水平的信息。在合并了三个数据库并删除了缺少关键自变量的观察值后，最终得到包括 1 453 家公司的 2 765 个样本。

2. 因变量

财务绩效：采用资产回报率（ROA）和市净率（PBR）来衡量。资产回报率以净收入占总资产的比率计算所得。市净率用所有者权益的年末市场价值与所有者权益账面价值的比率计算所得。

3. 自变量

企业慈善捐赠为一家公司的年慈善捐款额的自然对数。

4. 调节变量

（1）公司的广告强度：销售费用、一般费用和管理费用与销售额的比率。

（2）市场发展水平：用一个省的 GDP 除以其政府预算来衡量。这个变量被用来反映省级资源在多大程度上是由市场而不是政府来分配的。

（3）过去的财务绩效：用滞后一年的 ROA 和 PBR 来衡量。

（4）政府所有权：如果企业的最终所有者是中国政府及其机构，则变量赋值为 1，否则为 0。

（5）政治关联：如果公司总经理是中央或地方政府官员或军方官员，则赋值为 1，否则为 0。

5. 控制变量

该研究也引入一系列控制变量，包括企业规模、公司年龄、资产负债率、行业类型、公司冗余资源等。

6. 研究方法

作者采用 Heckman 两阶段方法进行回归以控制样本选择性偏差。第一个阶段通过对整个样本运用 Probit 模型来估计企业进行慈善捐赠的可能性。基于第一阶段的 Probit 回归计算了一个逆米尔斯比率（IMR），然后将该比率作为控制变量纳入第二阶段方程中。第二阶段回归仅使用已进行了慈善捐赠的公司样本。

6.4　研究结果

该文研究企业慈善捐赠对企业财务绩效产生积极影响的潜在机制，系统分析并验证了公司可以从慈善捐赠中获得经济利益时，有两种机制在发挥作用：利益相关者响应和政治准入，从而确定企业慈善捐赠与企业财务绩效的关系取决于某些关键的社会和政治因素。该研究在中国经济转型的大背景下，使用了2001～2006年在深交所和上交所上市的所有中国公司样本，采用Heckman两阶段法进行实证分析。

实证结果表明，企业慈善捐赠对以资产回报率衡量的财务绩效能产生正向影响，但与以市净率衡量的财务绩效无关。作者进一步系统阐明了影响企业慈善捐赠与财务绩效之间关系的情景因素，研究结果表明：广告强度的增强提高了公司可能从企业慈善捐赠中获得的经济利益；随着企业所在市场的发展水平的提高，企业慈善捐赠与以市净率衡量的财务绩效之间的正相关关系增强，但与以资产回报率衡量的财务绩效之间的正相关关系没有增强；历史财务绩效水平越高，公司通过慈善捐赠获得的经济利益越大；与政府控股公司相比，非政府控股公司从慈善捐赠中获得更多经济利益。但并未发现政治关联对主关系有调节作用。

综上，该文的核心思想得到了实证检验，即企业慈善捐赠有助于其获得社会合法性和政治合法性，进一步使它们能获得利益相关者的积极响应，并获得政治准入，从而使得企业通过慈善捐赠获得经济效益。

6.5   该研究的局限性

文献的最后，作者也对研究的局限性做了讨论，并指出未来可进一步研究的方向。

（1）该研究只关注企业社会活动的一个方面：企业慈善捐赠及其与财务绩效的关系。未来的研究可以考察企业社会责任的其他方面，如环境、产品和社区活动方面，研究这些活动是否会像企业慈善捐赠活动一样对企业财务绩效产生同样的影响。

（2）尽管该研究认为企业慈善捐赠通过引发利益相关者的积极响应和获得政治准入来影响财务绩效，但由于数据的局限性导致无法直接衡量这些机制背后的一些因素（如利益相关者响应）。如果未来的研究能直接检验这些潜在机制，并用以验证文中的理论，那将是非常有帮助的。

（3）该研究仅使用来自中国的数据可能会引起结论普适性的问题。未来的研究可以考虑使用其他国家的数据来验证这些假设。

6.6 对该研究的思考

正如《管理研究的思维方式》一书 5.4 节所指出的，在管理问题的研究中，存在这样的现象：对于同样一对概念关系，从不同的理论视角入手所构建的假设关系是截然相反的。解决这种矛盾就需要首先明确自己的理论视角，把支撑假设关系的潜在机制论述清楚，并认识到逻辑链条中每一个环节所引证的证据都是基于特定条件才成立的。那么为了进一步提高理论的可靠性，就可以通过放松这些潜在假设，引入情景因素，构建含有调节关系的假设。该研究就是遵循这样的思路（如图 6-6 所示），做出了很好的示范。

（1）确定理论视角，梳理逻辑链条，提出一套具有解释力的理论机制。例如，作者就是基于社会合法性和政治合法性的视角，提出了"企业慈善捐赠→利益相关者响应 / 政治合法性→财务绩效"这一逻辑链条，并对其中各个环节做了详细论述，从而形成新的理论。

（2）逻辑链条上的每一环节都存在一些前提假设而不一定在任何情况下都成立。这时候，可以从放松这些潜在假设入手，纳入一些情景因素（引入调节变量），增强所建理论的可靠性。例如，该研究中因为逻辑链条中的利益相关者响应和政治合法性难以观测和衡量，为了提高其解释机制的说服力，作者首先识别出逻辑链条中的潜在假设和前提条件（即企业慈善捐赠→合法性），并通过放松潜在假设引入情景因素（引入可衡量的调节变量），然后基于实证数据的分析去检验在放松这些潜在假设后这一解释机制是否依然成立。这里的基本规则在于：如果所提出的解释机制是可靠的，那么在不同的情景下，其应该依然发挥作用，只是发挥作用的强度不同。

综上，做研究需要深入地去了解所研究的概念之间的逻辑关系是怎么传导的，因果关系是如何发挥作用的，然后基于逻辑链条上的每一环去分析是否存在潜在假设，据此放松潜在假设来构建更具解释力的理论。我们在阅读文献时要特别注意去提炼文献中的逻辑链条，并发掘其中的潜在假设，只有这样，才能更好地理解如何构建理论，以及发现现有研究中存在哪些不足（如忽略了哪些潜在假设），从而为后续研究指明方向。

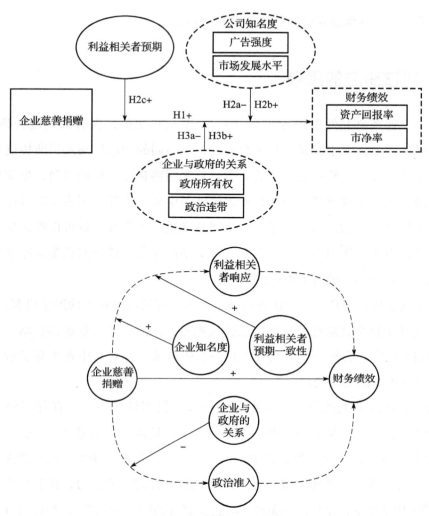

图 6-6   该研究的潜在假设

第 7 章

竞争性假设的验证

【文章题目】《利益相关者保护还是侵占？目标方社会责任对并购方并购公告市场反应的影响》（"Stakeholder Preservation or Appropriation? The Influence of Target CSR on Market Reactions to Acquisition Announcements"）

【文章作者】童力（Li Tong），新加坡管理大学（Singapore Management University）；王鹤丽（Heli Wang），新加坡管理大学（Singapore Management University）；夏军（Jun Xia），得克萨斯大学达拉斯分校（University of Texas at Dallas）

【文章来源】*Academy of Management Journal*，2019（63）：1535-1560（UTD24）

【文章概要】该研究从两个不同的理论视角——利益相关者保护和利益相关者侵占，分别考察了并购活动中目标方企业社会责任水平如何影响并购方并购公告发布后的市场反应。一般而言，目标方的企业社会责任投入说明企业拥有良好的利益相关者关系，而目标方拥有的良好的利益相关者关系则会提升并购方的收购绩效而得到投资者的积极反应。但是，就此结论的解释存在两种相互对立的逻辑。

从利益相关者保护视角来看，并购方会遵守隐性契约的长期利益导向而与目标方利益相关者继续保持良好关系，以便为并购后的企业持续创造价值。而从利益相关者侵占视角来看，并购方会违反与目标方利益相关者之间的隐性契约，追求短期利益而侵占利益相关者的利益，向并购方转移财富。该研究利用美国并购交易数据，研究发现并购双方之间的价值一致性增强了主关系，而并购双方的业务相似性则削弱了主关系。总体来看，该研究的实证结果支持了利益相关者保护观点。

【点评】参考《管理研究的思维方式》一书 5.4 节，对于同一个假设关系，我们可以从不同的角度出发提出不同的内在解释机制。那么，到底哪套机制在现实中发挥主导作用，就需要从理论背后的潜在假设入手，通过引入调节变量来构建假设，并要求调节变量发挥不同的作用，这样才能通过实证研究分离出到底是何种理论发挥主导作用。例如，面对同样的主关系，在某一理论视角下，该调节变量起到强化主关系的作用；而在另外一个理论视角下，同样的调节变量则起到弱化主关系的作用。这就构成一个完美的理论框架，即通过调节变量的引入分离出不同的理论机制。

7.1 研究背景

1. 写给谁看

该研究的目标群体是研究企业并购行为的学者，涉及战略管理中的兼并与收购（M&A）领域。

【点评】开篇点明了该研究是研究企业并购行为，对应目标群体是关注企业并购行为的学者，并将传统 CSR 研究拓展到了并购领域，从而也会引起 CSR 领域学者的关注。

2. 我们知道什么

现有研究对于收购社会责任表现好的目标企业能够提高并购绩效这一观点已达成共识，但就如何解释这一结论存在分歧。当前，存在两种不同的观点——并购方长期利益导向下的利益相关者保护观点和并购方短期利益导向下的利益相关者侵占观点。

利益相关者保护观点认为：并购方通过保护目标方与其利益相关者已经建立起来的隐性契约，并与目标方的利益相关者继续建立信任和互惠关系，进而能从并购活动中实现价值创造（Deng、Kang 和 Low，2013）。并购方通过保护目标方与其利益相关者之间的隐性契约，向目标方的利益相关者传达了他们的善意，作为回报，目标方的利益相关者会以更大的善意来回馈并购方，这对并购方来说是一个重要的价值创造来源（Graebner、Heimeriks、Huy 和 Vaara，2017）。

利益相关者侵占观点认为：并购方通过破坏目标方与其利益相关者之间建立

的隐性契约、侵占目标方利益相关者的利益、转移资源等而从并购活动中获取经济利益（Shleifer 和 Summers，1988）。在并购活动发生后，并购方通过改变或违背与目标方利益相关者的隐性契约而获益。例如，在并购活动发生后，并购企业通过遣散目标方的管理者和员工、降低其员工的晋升机会、撤销员工的退休金计划、与客户和供应商重新谈判和签订合同等，使得并购方通过侵占目标方利益相关者的利益而获益。

【点评】该研究通过总结现有关于并购活动中并购方如何通过从目标方利益相关者获益的两种截然相反、竞争性的解释机制，引出现有研究中存在的不足。

3. 我们不知道什么

到目前为止，尚不清楚究竟是利益相关者保护观点还是利益相关者侵占观点更能解释目标方利益相关者关系在影响并购收益方面的作用，即是否一种理论比另一种理论更符合现实，还是说两种理论在不同的情景下都适用。

【点评】该研究也给出了一个寻找理论缺口的常见思路，即当已有研究对于同样一个关系给出不同的解释时，就需要进一步研究以厘清到底是何种理论在何种情况下发挥主导作用。例如，在战略管理领域，企业社会责任与财务绩效之间的关系、高管特征对企业决策的影响等研究中就普遍存在类似的竞争性解释而需要进一步研究。

4. 这会有何影响

理论上，竞争性的解释机制阻碍了学术界清晰认识这一关系的作用机制；实践上，并购方究竟是保护还是侵占目标方利益相关者的利益对其更为有利，目前来看还不清楚。

【点评】一项研究的意义既要体现在学术上，如填补理论空白，解决理论上的矛盾，也要体现在实践上，有利于指导企业开展经营活动。只有这样，研究问题才是重要的，才符合管理学领域对研究选题"顶天立地"的要求。

5. 如何解决这一问题

为了解决这一问题，该文巧妙地通过引入调节变量的方法，分离出不同理论视角下调节效应的差异，并做了以下两个方面的工作。

首先，作者引入了使主关系在两种不同解释机制下发生不同方向变化（加强还是减弱主关系）的调节变量，再通过观察实证结果，就能推断出究竟是利益相关者保护观点还是利益相关者侵占观点在实践中发挥作用。该研究引入的两个调节变量分别是利益相关者价值一致性（即并购双方在管理利益相关者理念方面的相似程度）（Edwards、Cable，2009）和业务相似度（即并购双方的资源重叠程度）（King、Dalton、Daily和Covin，2004）。

具体来说，从并购方长期利益导向下的利益相关者保护视角来看，价值一致性能促进并购方与目标方的利益相关者之间继续维持信任关系，建立共同的合作基础，从而能从目标方利益相关者的支持中获取更大的经济利益；而业务相似度则表示并购方所具备的利益相关者关系与目标方的利益相关者存在重叠，这就降低了目标方利益相关者对并购方的价值，即降低了并购方从目标方利益相关者的支持中所能获得的利益。因此，在该视角下，价值一致性和业务相似度对主关系的调节作用为一正一负。

从并购方短期利益导向下利益相关者侵占的视角来看，并购双方的价值一致性使得并购方通过对目标方利益相关者利益的侵占来获利更具挑战性，这样做与并购方的价值观是相违背的，从而降低了并购方通过并购社会责任表现好的目标方所能获得的收益；业务相似度则能为并购方更好地解释其违约行为，即降低重复投资和清除无用的利益相关者关系，强化其侵占目标方利益相关者的行为，从而增强并购收益。因此，在该视角下，价值一致性和业务相似度对主关系的调节作用为一负一正。

据此可以发现，两个调节变量对主关系的调节作用是正好相反的，从而使得作者可以通过实证数据的结果分离出到底是何种机制在发挥主导作用。

【点评】现有关于并购履行社会责任的目标方能提升并购绩效的观点已达成共识，但是存在两种竞争性的理论视角——利益相关者保护和利益相关者侵占。作者为了解决究竟是哪一个理论在现实中发挥主导作用的问题，引入了两个能使主关系在不同的理论视角下发生不同方向变化的调节变量。

具体来看，该研究引入的两个调节变量是：并购双方对于利益相关者价值理念的一致性和并购双方的业务相似度。在利益相关者保护的理论视角下，利益相关者价值一致性和并购双方的业务相似度分别对主关系产生了正向和负向的调节作用；而在利益相关者侵占的理论视角下，利益相关者价值一致性和业务相似度分别对主关系产生了负向和正向的调节作用。作者以美国上市公司的并购数据为样本，用股票市场对收购公告的反应作为因变量进行实证分析，实证结果更加支持利益相关者保护理论，由此做出了理论贡献。

6. 贡献在哪儿

完成该研究工作，主要贡献体现在以下几个方面。

（1）研究支持了利益相关者保护观点，对并购研究做出了直接贡献。对于两个竞争性理论视角（利益相关者保护和利益相关者侵占），该研究通过实证分析，支持了利益相关者保护理论，并得出与利益相关者建立信任和合作关系比剥削利益相关者更能给并购方带来巨大的经济利益的结论。

（2）为理解企业社会责任和并购之间的关系提供了新视角。企业参与社会活动越来越活跃，许多文献也开始直接研究市场对企业社会责任行为的反应，也有越来越多的研究开始关注企业社会责任在并购情景下所发挥的作用，但仅限于对并购方所履行社会责任的研究（Deng，2013；Bettinazzi、Zollo，2017），而该研究则将目标企业社会责任与并购收益直接联系起来，从而拓展了这一研究领域。

（3）通过验证并购双方业务相似性在收购活动中的负面影响，对并购领域做出了一定贡献。与该研究所得结论相反，之前的研究似乎都一致认为并购双方业务的相似性对并购绩效有着积极的作用（Finkelstein、Haleblian，2002）。有关企业多样化的研究也显示多种业务活动之间的相似性能使企业更好地利用资源，降低协调成本，实现规模效应。而该研究结果表明并购双方的业务相似度对并购绩效的影响取决于并购方如何处理与目标方利益相关者之间的关系。在某些情况下，相似性不仅不是有利的，还有可能是有害的。因此，未来的研究应该更为谨慎地讨论并购双方的业务相似度对并购绩效的影响。

（4）研究结果对并购企业的管理者来说有着十分重要的现实意义。当并购方管理者在评估一项收购活动能否给企业带来收益时，应该考虑到目标企业的利益相关者。该研究支持了利益相关者保护观点，因此并购方的管理者在并购活动中应该努力遵守与目标方利益相关者的隐性契约，与其保持合作关系。但这并不意味着管理者需要盲目保护目标方的利益相关者，而是应该采取适当的行动来应对无效的和毫无帮助的目标方利益相关者。总的来说，管理者应该意识到目标方利益相关者对并购方新价值创造的复杂性，充分权衡利益相关者保护或利益相关者侵占的收益和成本，帮助企业获得更好的并购收益。另外，并购方的管理者不应该总是认为目标方与自身的相似之处有利于获得经济收益，实际上，相似性在并购活动中的作用是复杂的，并不能将其对并购收益的影响简化为"非黑即白"。

7.2　理论构建

1. 概念模型与研究假设

该研究共提出 5 个假设，理论框架如图 7-1 所示。

该研究提出的假设如下。

（1）H1：目标方履行社会责任程度与并购收益正相关。

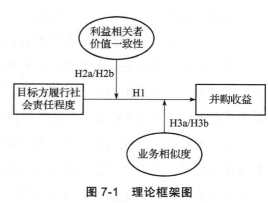

图 7-1　理论框架图

（2）H2a：利益相关者价值一致性强化了目标方履行社会责任程度与并购收益之间的正相关关系。

（3）H2b：利益相关者价值一致性弱化了目标方履行社会责任程度与并购收益之间的正相关关系。

（4）H3a：业务相似度弱化了目标方履行社会责任程度与并购收益之间的正相关关系。

（5）H3b：业务相似度强化了目标方履行社会责任程度与并购收益之间的正相关关系。

2. 主关系的解释机制

如前所述，作者提出两个对立的解释机制，分别是并购方遵守与目标方利益相关者间契约和并购方破坏与目标方利益相关者间契约，其逻辑链条如图 7-2 所示。

作者指出，有两种视角可以帮助我们理解并购方如何对待与目标方利益相关者之间的隐性契约关系，即逻辑链条中的第一个环节；随后说明并购方遵守与目标方利益相关者间契约或并购方破坏与目标方利益相关者间契约如何分别影响并购收益，即逻辑链条的第二个环节。

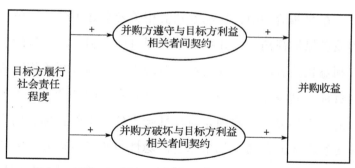

图 7-2　目标方履行社会责任影响并购收益的逻辑链条

（1）目标方履行社会责任→并购方遵守或破坏与目标方利益相关者间契约。 逻辑链条中的第一个环节主要论述的是并购方既然收购了目标方，那么就需要继承目标方与利益相关者之间建立起的契约关系，但是并购方会如何对待与目标方利益相关者间的隐性契约，是选择维护还是破坏呢？

企业本身就是各种隐性和显性契约的总和。目标方履行社会责任所积累的关系资本通常代表着企业与其利益相关者之间的隐性契约。隐性契约有以下几个特点：第一，隐性契约通常是自我约束的，遵守承诺和付出行动是维持隐性契约的关键；第二，违反隐性契约通常会带来成本，如失去信任和声誉，这些都会对企业的财务绩效，甚至是竞争力有长期的负面影响。

由于并购方并没有参与到与目标方利益相关者建立隐性契约的过程中（David、Stout，1992），收购活动发生后，契约环境的变化导致违反隐性契约所带来的潜在名誉损失对并购方就不再奏效（不具有约束力）。因此，在这种情况下，并购方则可以较为自由地选择是追求长期利益（继承和维护与目标方利益相关者间的契约关系）还是享受眼前的短期利益（破坏与目标方利益相关者间的契约关系）。长期利益导向使得并购方通过维护与目标方利益相关者间的关系而得到目标方利益相关者的支持，提升并购绩效；或者，短期利益导向使得并购方通过破坏与目标方利益相关者间的契约关系，侵占目标方利益相关者的利益来提升并购绩效。

随后，作者分别对这两种处理并购方利益相关者间关系的手段如何影响并购绩效进行了论述，即逻辑链条中的第二个环节。

（2）并购方维护与目标方利益相关者间契约→并购收益。 该视角强调的是通过尊重目标方与其利益相关者间的隐性契约，得到目标方利益相关者的支持从而使并购方获益。在并购活动中，目标方利益相关者会处于弱势地位。在长期利益导向的利益相关者保护视角下，并购方不利用目标方利益相关者的弱势地位或未违背与目标方利益相关者间的隐性契约，有助于与并购方利益相关者建立信任关系，从而得到目标方利益相关者的支持。当目标企业的社会责任水平较高时，这种积极影响可能会更加显著，原因是对高社会责任水平的目标方而言，其利益相关者在收购中更容易受到伤害，如果原有的隐性契约没有被并购方履行，这些利益相关者将遭受更大的损失。在这种情况下，如果并购方没有利用目标方利益相关者的这一弱点（即并购方遵守了之前的隐性契约），那么目标方的利益相关者会感受到来自并购方更大的善意，从而促进了双方之间建立信任关系。

另外，高社会责任水平的目标企业通常会与其利益相关者建成一种相互信任的积极文化，这种文化会使其利益相关者将信任内化，作为自己行为的一部分，即更愿意信任他人。更重要的是，这种信任倾向可以发生在与并购方的交互过程中，促进并购后期的业务整合，从而提高并购收益。

总体来看，并购方保护目标方利益相关者的利益会使得目标方利益相关者更支持并购方，从而实现更大的并购收益。

（3）并购方破坏与目标方利益相关者间契约→并购收益。该视角强调的是通过违背与目标方利益相关者间的隐性契约，侵占目标方利益相关者的利益来提升并购收益。由于并购方并没有义务履行目标方与利益相关者间的隐性契约，并购活动为并购方侵占目标方利益相关者利益提供了一个理想的机会。由于收购后，目标方利益相关者通常处于弱势地位，这进一步为并购者侵占目标方利益相关者的利益提供了更大的便利。因此，并购方可以通过转移目标方利益相关者的利益而增加并购收益，如裁员、降薪等。特别地，在并购交易中，并购者可以废除目标方与其利益相关者之间的隐性合同（如裁员），以获取收益。

结合（2）和（3）的阐述，两种解释机制都预测了目标方履行社会责任的程度与并购收益正相关。因此，作者提出以下假设。

假设H1：目标方履行社会责任程度与并购收益正相关。

3. 对主关系中逻辑链条上潜在假设的讨论

尽管并购方得到目标方利益相关者支持和侵占目标利益相关者利益都推导出同样的主关系，但两种潜在机制代表着并购方对待目标方利益相关者不同的方式，而这需要一种巧妙的方法来鉴别出哪种视角更合理。

从并购方得到目标方利益相关者支持的角度来看，在主关系逻辑链条中的第一个环节，作者假定目标方利益相关者能接受并购方的善举，还假定目标方利益相关者的支持也能给并购方带来收益；而从并购方侵占目标方利益相关者利益的角度来看，作者假定侵占目标方利益相关者利益对并购方而言是理所当然的，也假定侵占目标方利益相关者利益对并购方而言一定是有益的。

（1）利益相关者价值一致性的调节作用。作者首先对利益相关者价值一致性的含义进行了详细阐述，然后分别分析在不同的解释机制下，利益相关者价值一致性对主关系的不同调节作用。价值一致性是指个人和组织持有相似的价值观。在并购情景下，价值一致性指的是并购方和目标方之间的价值相似性，即双方在利益相关者管理理念和价值观方面的重叠程度（stakeholder value congruence）。

1）目标方履行社会责任程度→并购方维护与目标方利益相关者间契约关系链条上的潜在假设：利益相关者价值一致性。从长期利益视角看，作者认为目标方利益相关者能接受并购方的善举。这里实际上是假定目标方利益相关者能与并购方价值观一致而容易建立起信任关系，从而使得并购后绩效得到提升。并购活动中并购方与目标方管理利益相关者方面的价值一致性能让并购方更愿意善待目标方利益相关者而赢得信任。然而，在有的并购活动中，双方的价值一致性程度是不同的。这一逻辑关系如图 7-3 所示。

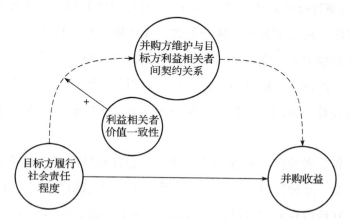

图 7-3　利益相关者保护视角下的潜在假设：利益相关者价值一致性

首先，在并购活动中，双方企业的利益相关者之间的价值一致性越大，表明并购方和目标方在管理与利益相关者关系上有越多共同点。较高的一致性水平使目标方能更好地预测和理解并购方的意图和行动，并购双方之间的沟通更加通畅，使得目标方利益相关者更容易理解和接受并购方所采取的保护行动，从而更愿意信任并购方，与并购方合作。

其次，如果并购双方在利益相关者管理方面价值一致性高，那么双方可能在信仰、价值和实践方面也具有相似的利益相关者管理风格，从而减少企业合并后的摩擦，使并购方与目标方利益相关者之间的互惠交换更加有效。

相反，如果并购双方利益相关者价值一致性不高，可能会面临预测、解释彼此行为的困难。对目标方利益相关者来说，适应并购方的利益相关者管理方式是困难的。因此，即使并购方有意保护目标方利益相关者而维护已有的契约关系，由于双方价值观的不一致而导致很难获得目标方利益相关者的信任。

综合上述论点，并购方长期利益导向机制下，并购双方之间的利益相关者价值一致性更容易促进并购方与目标方利益相关者建立信任关系，使目标方利益相关者更容易接受来自并购方的利益保护行为，建立互惠关系。

预期到这样的结果，当利益相关者价值一致性越高时，并购方越愿意维护与目标方利益相关者之间的契约关系而建立新的信任关系。因此，作者提出如下假设。

假设 H2a： 利益相关者价值一致性强化了目标方履行社会责任程度与并购收益之间的正相关关系。

2）目标方履行社会责任程度→并购方破坏与目标方利益相关者间契约关系链条上的潜在假设：利益相关者价值一致性。 在短期利益视角下，作者假定并购方侵占目标方利益相关者的利益对公司而言是无害的，即与公司的价值观是一致的而不是冲突的。然而，并购方与目标方在利益相关者管理方面的价值一致性会使得并购方不能轻易地去破坏与目标方利益相关者之间的契约关系。这一逻辑关系如图 7-4 所示。

在高利益相关者价值一致性的情况下，并购方和目标方在利益相关者管理上有着相似的理念。这种价值一致性通常降低合并公司之间的冲突，促进互惠合作。如并购方违反其价值观而侵占目标方利益相关者的利益，会向外界发出负面信号，会使并购方的利益相关者怀疑其利益是否也会被侵占，从而损害公司的长期价值。故而，在这种情况下，并购方就降低了侵占目标方利益相关者利益的动机。据此，作者提出如下假设。

假设 H2b：利益相关者价值一致性弱化了目标方履行社会责任程度与并购收益之间的正相关关系。

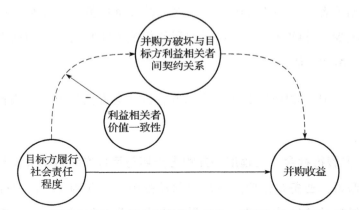

图 7-4　利益相关者侵占视角下的潜在假设：利益相关者价值一致性

（2）业务相似度的调节作用。业务相似度是指并购方和目标方在经营活动上的相似程度，反映了它们之间资源或产品市场的重叠程度。较高的业务相似度可能会使并购方产生资源冗余，从而降低并购效率。一般情况下，为了提高并购效率，并购方可以采取适当的剥离措施，通过消除冗余来提升并购绩效。

1）目标方履行社会责任程度→并购方维护与目标方利益相关者间契约关系链条上的潜在假设：业务相似度。在长期利益视角下，并购方认为目标方利益相关者能给其带来额外的收益，从而提升并购绩效。这里，潜在假设就是并购方与目标方的业务是不同的，从而目标方利益相关者为并购方提供了增量资源和价值。然而，放松这一潜在假设，即当并购方与目标方的业务相似度很高时，目标方利益相关者对并购方的价值贡献就会降低。这一逻辑关系如图 7-5 所示。

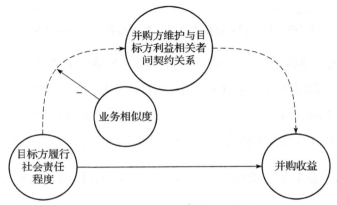

图 7-5　利益相关者保护视角下的潜在假设：业务相似度

　　虽然并购方从长期利益视角出发，依然有动力去保护目标方利益相关者的利益，维护与目标方利益相关者之间的信任关系，但是由于两者业务的高度重合，目标方利益相关者并不能为并购方提供更大的经济价值，这也是并购方所面临的困境，从而减少了并购方维护与目标方利益相关者间契约关系的动力。基于以上原因，作者提出如下假设。

　　假设 H3a：业务相似度弱化了目标方履行社会责任程度与并购收益之间的正相关关系。

　　2）目标方履行社会责任程度→并购方破坏与目标方利益相关者间契约关系链条上的潜在假设：业务相似度。在短期利益视角下，并购方侵占目标方利益相关者的利益能提升并购绩效是因为这样做并不损害公司的利益。这一逻辑链条上的潜在假设是并购方的利益相关者所掌握的资源对公司而言是无益的。然而，放松这一潜在假设，即当并购双方的业务相似度越高时，并购方侵占目标方利益相关者越能给公司带来更大的利益。这一逻辑关系如图 7-6 所示。

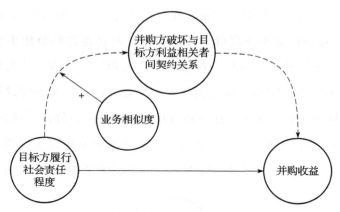

图 7-6　利益相关者侵占视角下的潜在假设：业务相似度

　　在业务高度相似的情况下，由于合并双方之间存在资源冗余，并购方破坏与目标方利益相关者间契约关系符合效率原则；同时，由于这种侵占行为更容易被认为是合法的（legitimacy），因此也不太可能引发公众强烈的负面情绪。鉴于此，并购方也就有更强的动力去侵占目标方利益相关者的利益，据此来提升并购绩效。

　　假设 H3b：业务相似度强化了目标方履行社会责任程度与并购收益之间的正相关关系。

【点评】从不同的理论视角出发，主关系逻辑链条上的潜在假设是不同的，这是我们通过引入情景因素来提出不同理论视角下的不同假设的关键。例如，在该研究中，长期视角下作者认为并购方保护与目标方利益相关者之间的契约关系，以便建立信任关系，得到目标方利益相关者的支持，从而提升并购绩效。这一理论存在的潜在假设就是：目标方的利益相关者能够理解、接受并购方的善举，并且目标方利益相关者所掌握的资源对并购方而言是有价值的，是互补的。如果并购方与目标方在利益相关者管理方面的价值一致性越高，或者并购方与目标方的业务互补性越强，或者说相似度越低，目标方利益相关者对并购方的价值就越高，那么并购方就越有动力去保护目标方利益相关者的利益。

相反，在短期视角下作者认为并购方会破坏与目标方利益相关者之间的契约关系，侵占目标方利益相关者的利益，从而提升并购绩效。这一理论存在的潜在假设就是：侵占目标方利益相关者的利益是理所当然的，并且目标方利益相关者所掌握的资源对并购方而言是无价值的。如果并购方与目标方在利益相关者管理方面的价值一致性越高，或者并购方与目标方的业务互补性越强，或者说相似度越低，目标方利益相关者对并购方的价值就越高，那么，并购方就越没有动力去侵占目标方利益相关者的利益。

综合来看，正是由于两种不同的理论视角下潜在假设的不同，选择恰当的调节变量能够预测出不同的调节关系。这就为通过实证研究分离出何种理论占据主导地位成为可能。

7.3 研究设计

1. 样本选择

并购样本来源于 SDC 数据库；并购方与目标方利益相关者相关数据来源于 KLD 数据库。该研究初始样本有 3 829 例，经过合并，删除因变量、自变量、调节变量和控制变量的缺失值后，最终样本量为 2000 ～ 2012 年的 237 宗并购交易数据。

2. 因变量

并购公告下并购方的收益（acquirer announcement return）：用累计异常收益

（CAR）来测量。作者选择 [−1，+1] 作为时间窗口。因变量计算公式如下：

$$\text{acquirer announcement return}_t\,[-1,1] = \sum_{t=-1}^{t=1} AR_t$$

式中：AR 为每一天的异常收益（abnormal return）。

3. 自变量

目标企业社会责任（target CSR）：其测量是基于 KLD 的五个维度——环境、员工、社区、多样性和产品。

4. 调节变量

利益相关者价值一致性通过并购方和目标方利益相关者组合的相似度来衡量。业务相似度是指并购双方企业在资源和战略方面的相似程度。作者使用三个指标（产品市场相似性、人力资本相似性、技术资源相似性）来构建这个变量。将上述三个指标标准化后取平均数，得分越高，表示合并企业之间的业务相似度越大。

5. 控制变量

作者引入一系列控制变量，包括并购企业和目标企业的规模、冗余资源，并购企业所履行的社会责任，并购企业近年来的股票收益率，并购企业的收购经验，并购方 CEO 薪酬，目标企业的财务压力，目标企业的债务比率，并购双方是否发生过战略合作关系，并购是否属于恶意收购，并购过程中的投标数量，并购方是否发生连续并购，等等。作者还研究了市场行情、行业和年份等因素的影响。

7.4 研究结果

实证结果支持了假设 H1。更为重要的是实证结果支持了 H2a 和 H3a。因此，研究结果支持了并购方长期利益导向机制下的利益相关者保护观点。

7.5 该研究的局限性

文献的最后，作者也对研究的局限性做了讨论，并指出未来可进一步研究的方向。

（1）由于数据的限制，该研究不能直接衡量目标方利益相关者在收购活动中的行为和反应。因此，未来的研究可以利用一些方法和数据，如定性或调查问卷的方法，以获得对收购过程中目标方利益相关者行为的深入理解。这一点也是实证研究普遍存在的问题，即我们没有办法直接去验证理论中所提出的中间机制。除此之外，虽然该研究对业务相似度的衡量包含了企业资源和战略的几个方面，但仍可能存在一些局限性，因为这种衡量无法完全捕捉到收购方和目标方在战略和资源方面的业务相似度。

（2）尽管该研究的实证结果支持了并购方长期利益导向下的利益相关者保护机制，但这并不意味着目标方利益相关者侵占视角完全无法解释并购方所获得的经济收益。在某些特定的情况下，利益相关者侵占仍然是存在的，值得未来进一步研究。例如，在并购活动中，劳动密集型产业比知识密集型产业更可能会出现利益相关者的侵占。这是因为劳动密集型产业对企业员工的专业知识水平要求不高，因此，在这些行业的收购活动中，减少冗余、提高效率才能使并购方企业获得更高的收益。进一步研究也可以将员工的价值这一情景因素纳入分析中。

此外，由于收购活动是一个渐进变化的过程，因此可能会出现目标方利益相关者保护和侵占发生在并购过程中的不同阶段。未来的研究可以识别出一些情景因素，找到影响两个机制动态变化的条件。

（3）该研究仅关注目标企业整体所履行的社会责任水平，并没有讨论并购方对不同目标方利益相关者群体履行社会责任的异质性。例如，在企业的利益相关者中，社区、少数民族和自然环境通常被企业认为是次要利益相关者，由于其可能被认为是一种无形的、难以衡量的资源，因此通常被股市所忽略，然而由于员工和消费者对企业的价值创造有着明显的贡献，因此通常被划分为企业的关键利益相关者。由于关键利益相关者和次要利益相关者之间的差异，并购方对目标方利益相关者的保护或侵占可能同时发生在不同的利益相关者群体中。例如，并购方可能会在保护关键利益相关者的同时对次要利益相关者实施侵占。

（4）由于 KLD 数据库只包含美国大型公司（即美国最大的 3 000 家企业）的社会绩效数据，因此该研究也仅以大型上市公司之间的收购作为研究样本。未来可以将研究样本拓展到不同制度背景下，对更大范围内的企业进行研究。

7.6   对该研究的思考

学术研究中不乏对同一问题的研究过程中出现相互矛盾的解释机制的现象。该研究为我们在解决存在相互矛盾的解释机制时如何通过引入调节变量来探索究竟是哪个机制在发挥作用的问题提供了一个很好的示范，其思路汇总如图 7-7 所示。

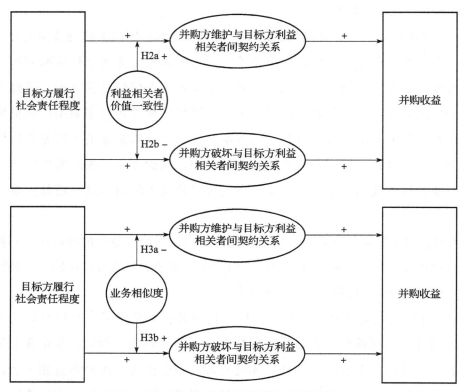

图 7-7   竞争性解释机制和调节变量的作用

每个因果关系的发生，一定存在着某个机制在其中发挥作用。因此，我们在研究过程中，要将研究细化，从更微观的层面发掘构成因果关系的中间机制，特别是要进一步深入思考每个解释机制中存在的潜在假设是什么，找到矛盾从何而来，从而为选择最恰当的情景因素提供线索。

第 8 章

反向思维和多理论视角

【文章题目】《距离会影响跨国公司在东道国履行社会责任吗？》（"Multinationals and Corporate Social Responsibility in Host Countries: Does Distance Matter？"）

【文章作者】乔安娜·托克曼·坎贝尔（Joanna Tochman Campbell），得克萨斯 A&M 大学（Texas A&M University）；洛林·伊登（Lorraine Eden），得克萨斯 A&M 大学（Texas A&M University）；斯图尔特·米勒（Stewart R. Miller），得克萨斯大学圣安东尼奥分校（University of Texas at San Antonio）

【文章来源】*Journal of International Business Studies*，2012，43（1）：84-106（UTD24）

【文章概要】之前的研究已经发现跨国公司的外国子公司在东道国遭遇外来者劣势，且母国和东道国间的距离越远，子公司在东道国面临的外来者劣势程度越高。此前也有学者指出，外国子公司可以通过履行企业社会责任来展示其对东道国的社会承诺，获得东道国利益相关者的支持，以提高其在当地的社会合法性，从而克服外来者劣势。因此，如果东道国和母国之间的距离与外来者劣势的关系是正向的（即母国与东道国之间的距离越远，则跨国公司面临的外来者劣势程度越高），且企业社会责任能够赋予外国子公司社会合法性，帮助企业克服在东道国面临的外来者劣势，则可以预期距离和企业社会责任是正相关的，也即如果母国与东道国之间距离越远，则跨国公司越有可能在东道国履行社会责任。

尽管存在这种潜在的动机，作者却认为，母国与东道国间的距离会负向影响跨国公司在东道国从事履行社会责任活动的意愿和能力，因此来自与东道国距离较远地区的母国的外国子公司实际上不太可能在东道国投入过多资源履行社会责任。基于 1990 ～ 2007 年来自 32 个国家的外国银行子公司在美国的社区投资数据，作者验证了该假设并进一步指出企业在东道国的社会责任声誉削弱母国与东道国间距离对跨国公司在东道国社会责任投入的影响。聚焦于距离影响跨国公司在东道国从事履行社会责任活动的意愿和能力，这篇论文不仅丰富了对跨国公司社会责任实践的理解，对理解跨国公司何时及如何克服在东道国的合法性问题也有重要的启发意义。

8.1 研究背景

1. 写给谁看

跨国公司子公司在东道国面临的一个重要问题是外来者劣势。如何克服外来者劣势是国际商务领域的学者重点关注的研究话题。

【点评】"写给谁看"是一个极其重要的问题，这一问题的答案直接决定了该研究的对话群体，是对该研究隶属于哪一脉络文献的定位。作者在文献开头就开门见山地点出是立足于跨国公司外来者劣势研究这一脉络，明确了该研究的对话群体——那些致力于研究如何克服外来者劣势的国际商务领域的学者。

2. 我们知道什么

首先，作者介绍了已有关于跨国公司遭遇的外来者劣势相关研究，如由于东道国利益相关者经常缺乏关于跨国公司子公司的信息，且可能使用陈规、固有观念或强加给外国公司不同的标准，从而对跨国公司子公司造成不利后果，严重妨碍它们在东道国的生存和发展。进一步，学者们对如何克服外来者劣势进行了丰富的研究。一方面，基于市场战略，跨国公司可以通过改变进入方式来克服其在东道国面临的外来者劣势。另一方面，基于非市场战略，跨国公司不仅可以通过模仿当地公司去克服外来者劣势，还可以建立企业公民身份以获得合法性和克服外来者劣势。此外，企业社会责任也可以作为一种非市场机制去减少跨国公司在东道国遭遇的外来者劣势，如通过对当地社会进行捐助来树立良好形象。

【点评】作者一方面介绍了有关外来者劣势的基本概念和表现形式等背景知识，另一方面则从市场战略和非市场战略两个方面简单介绍了学术界关于如何克服外来者劣势的两类文献，进而引出该研究的关键概念——企业社会责任。

其次，作者着重介绍了该研究的关键概念——企业社会责任。企业社会责任有很多定义，作者引用 McWilliams 和 Siegel（2001）的定义——"超越公司利益和法律要求的，能够增进某些社会利益的企业行为"。选择这一定义的原因在于这个定义提出了一种捕获跨国公司在东道国履行企业社会责任活动的可能方法，突破了之前由于很难获得关于外国子公司履行企业社会责任活动的经验数据的困境，从而能拓展对这一以往很少被研究的主题的相关研究。

【点评】作者在这里借鉴已有研究对企业社会责任这一关键概念进行了定义，这一点尤为重要。保证研究中对关键概念的定义与已有文献保持一致才能保证学者们是在同一基础上讨论问题，才能保证研究的可重复性。此外，理论层面的概念关系能否转化成可以验证的变量间的关系，很大程度上取决于概念的定义（详见《管理研究的思维方式》一书 7.3 节）。

　　再次，作者介绍了已有的关于距离对于外来者劣势的影响，并指出母国与东道国之间的距离，特别是制度和地理距离，会使跨国公司子公司对东道国更加不熟悉和受到歧视，从而增加其面临的外来者劣势。

【点评】继引出企业社会责任这一关键概念及已有关于企业社会责任与外来者劣势间关系的研究后，作者在这里引出该研究的另一关键概念——距离，以及已有关于距离对于外来者劣势影响的相关研究。至此，关于该研究的三大关键概念：外来者劣势、企业社会责任和距离及已有的关于三者间关系的研究已经初步呈现在读者面前，为后文作者引出该研究的研究问题——"距离对于跨国公司在东道国履行社会责任的影响"做好铺垫。

　　最后，作者根据上述的文献分析推导出距离与外来者劣势之间的正向关系及外来者劣势与企业社会责任之间的正向关系，进而按照一般化的逻辑推导出距离与企业社会责任之间的正向关系。巧妙的是，作者笔锋一转，紧接着从意愿和能力两个角度指出母国与东道国之间的距离也可能负向影响跨国公司子公司在东道国履行社会责任。具体而言，随着母国与东道国间距离的增加，跨国公司在东道国获取合法性的成本上升，从而降低了跨国公司在东道国履行社会责任的意愿和能力，进而减少在东道国的社会责任投入。

【点评】该研究通过回顾外来者劣势和距离及企业社会责任相关的文献，从而根据这些文献引出关于距离和外来者劣势之间的正向关系，以及外来者劣势和企业社会责任之间的正向关系，并据此按照正常思维逻辑顺理成章地推导出距离和企业社会责任之间的正向关系。然而，就在一切都顺理成章、水到渠成之时，作者却指出母国与东道国之间的距离会降低跨国公司子公司在东道国履行企业社会责任的意愿与能力，从而使得距离与企业社会责任之间呈现负向关系。这也正是该研究的一大亮点，突破常规思维，另辟蹊径提出新的研究问题和思路。

3. 我们不知道什么

综上所述，距离对跨国公司子公司在东道国履行企业社会责任的影响并不明确，需要进一步探析其作用机制。

【点评】通过前文的文献分析，作者明确地提出该研究的研究问题，逻辑清晰，问题明确、具体。

4. 这会有何影响

作者在文中并没有明确说明这一研究的重要性。

【点评】判断一项科学研究的价值的标准在于研究问题的重要性、新颖性、可行性（见《管理研究的思维方式》一书 2.1 节），但是该研究作者在这里仅强调了研究问题的新颖性和可行性，并未明确指出这一问题不解决会有何影响，也即未强调解决这一问题的重要性。对于一项研究的重要性的判断则可以从理论和实践两个层面来说。从理论上说，若对某一问题的研究能解决一个重要的理论问题，则该问题就具备了理论上的重要性；从实践上说，若某一研究问题的解决能对企业的战略抉择、政府的政策制定提供指导建议，则该问题就具备了实践上的重要性。因此，该研究其实仍可从克服外来者劣势角度切入，强调解决这一问题的重要意义，即指出母国与东道国之间的距离是影响跨国公司子公司在东道国履行社会责任的阻碍因素，从而影响跨国公司通过履行企业社会责任克服外来者劣势的作用，进而影响跨国公司子公司在东道国的生存和发展。

5. 如何解决这一问题

为了解决这一问题，作者以距离、外来者劣势和企业社会责任三个方面的文献为基础构建起了解释跨国公司子公司在东道国履行社会责任活动的理论框架，并假设，尽管履行社会责任能帮助企业在东道国获得合法性，助力企业克服外来者劣势，但来自遥远国家的外国子公司出于社会责任投入意愿及能力方面的原因，实际上不太可能参与东道国的企业社会责任活动。进一步地，作者指出企业的社会声誉削弱了距离对于跨国公司在东道国履行社会责任的影响。

6. 贡献在哪儿

该研究的贡献主要体现在以下几个方面。

（1）该研究对克服外来者劣势一脉的文献做出了贡献。作者从理论上证明了东道国与母国之间的距离是企业在东道国获得社会合法性的阻碍而增加了相应的成本。制度理论倾向于强调合法性的好处，但该研究则强调了相关的成本，并表明这些成本因母国和东道国间距离的不同而不同。尽管跨国公司可以将企业履行社会责任作为应对外来者劣势的方式，但从不同的理论视角出发，该研究指出当母国与东道国之间的距离越远时，外国子公司参与东道国履行社会责任活动的可能性就越小。此外，作者还考察了企业社会责任声誉的调节作用，发现对于具有较高企业社会责任声誉的外国子公司，距离对其在东道国履行社会责任的负向影响较弱。据此，作者对外国子公司应对外来者劣势的反应机制，以及获得社会合法性的成本进行了新的阐述，从而扩展了相关研究。

（2）该研究对企业社会责任文献也有贡献。以往关于企业社会责任的研究，很少有人研究影响跨国公司在东道国履行企业社会责任的潜在机制，作者则通过考虑影响企业在东道国履行社会责任的驱动因素，分析企业声誉对于其在东道国履行社会责任的影响，及其如何调节距离与跨国公司子公司在东道国的企业社会责任投入之间的关系，拓展了企业社会责任领域的相关研究。

8.2　理论构建

1. 概念模型与研究假设

该研究共提出 6 个假设，理论框架如图 8-1 所示。

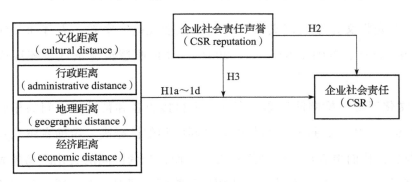

图 8-1　理论框架

该研究提出的假设如下。

（1）H1a：母国与东道国之间文化距离越大，外国子公司在东道国履行社会责任的可能性越小。

（2）H1b：母国与东道国之间行政距离越大，外国子公司在东道国履行社会责任的可能性越小。

（3）H1c：母国与东道国之间地理距离越大，外国子公司在东道国履行社会责任的可能性越小。

（4）H1d：母国与东道国之间经济距离越大，外国子公司在东道国履行社会责任的可能性越小。

（5）H2：企业社会责任声誉与外国子公司在东道国履行企业社会责任的可能性正相关。

（6）H3：企业社会责任声誉弱化了距离与外国子公司在东道国履行社会责任可能性之间的负相关关系。

2. 假设的解释机制

（1）文化距离与企业社会责任投入意愿间关系的解释机制。 该研究从企业履行社会责任意愿的角度解释了文化距离对跨国公司子公司在东道国履行社会责任的负面影响，其机制在于较大的文化距离降低了跨国公司子公司对于东道国的同理心，从而削弱了其在东道国履行社会责任的意愿，进而减少了跨国公司在东道国的社会责任投入。其逻辑链条如图 8-2 所示。

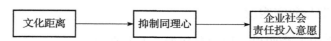

图 8-2　文化距离与企业社会责任投入意愿间关系的逻辑链条

作者首先将文化距离定义为两国间在社会规范、宗教、语言和民族方面的差异（Ghemawat，2001；Shenkar，2001），并依照逻辑链条逐步解释这一影响机制。

1）文化距离→抑制同理心。 同理心来自接收者和帮助者之间的相似性感知（Ray，1998）。因此，接收者和帮助者之间的相似性越高，帮助者越能对接收者产生同理心，从而更有可能援助接收者。然而，当两国间的文化距离越大时，母国与东道国个体间的相似性越低，从而导致跨国公司对于东道国利益相关者产生同理心的可能性较小。

2）抑制同理心→企业社会责任投入意愿。 作者指出社会心理学的研究表明，同理心是一个人想象自己处于另一个人的位置（即想象人际距离为零）所产生的一种感觉，它是一个人向另一个人伸出援手的强烈激励因素。同理心的激发在企业社会责任中发挥着重要作用，即同理心能够促进企业社会责任的产生。

综上，文化相似性增加了同理心，从而激励跨国公司子公司在东道国履行更多的社会责任。反之，文化距离越大，会导致越低的移情倾向，从而导致跨国公司在东道国的社会责任投入越少。由此，作者提出如下假设。

假设 H1a： 母国与东道国之间文化距离越大，外国子公司在东道国履行社会责任的可能性越小。

【**点评**】作者在论述这一逻辑关系时，并未严格按照 "A→M→B" 模式去阐述其逻辑链条，也即并未按照首先说明文化距离影响同理心的内在机制，进而说明同理心如何影响企业社会责任这一路径去阐述其逻辑链条，而是首先介绍了文化距离的基础知识，其次说明同理心对企业社会责任投入的影响，最后说明文化距离对于同理心的影响。这样就显得逻辑较为复杂和混乱，层次不够清晰。一般而言，我们在阐述影响概念间关系的内部机制时，如果按照 "A→M→B" 这一路径去进行逻辑推导，则文献的逻辑链条将更为清晰。以该研究而言，此处应该首先解释是因为文化距离影响了同理心的激发，然后再进一步解释同理心是如何影响企业社会责任投入的，行文如此，则逻辑上会更为清晰和顺畅。

（2）行政距离与企业社会责任投入意愿间关系的解释机制。 作者从企业履行社会责任能力的角度解释了行政距离对跨国公司子公司在东道国履行社会责任的负面影响，其机制在于较大的行政距离提高了跨国公司子公司适用东道国法律、规则的难度，从而提高了跨国公司在东道国履行社会责任的成本，降低了跨国公司在东道国的社会责任投入的可能性。其逻辑链条如图 8-3 所示。

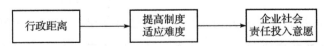

图 8-3　行政距离与企业社会责任投入意愿间关系的逻辑链条

作者在论述这一逻辑关系时，首先对行政距离进行定义，其次对企业社会责任进行了定义，最后结合二者的定义阐述了行政距离对跨国公司在东道国社会责任履行能力的影响。

行政距离是指母国和东道国在政府政策、法规和制度上的差异，表示跨国公司的母国和东道国监管制度环境的差异（Kostova、Zaheer，1999）。借鉴McWilliams 和 Siegel（2001）的研究，该研究将企业社会责任定义为超越政府规定的企业社会活动水平。

1）行政距离→制度适应难度。一方面，对外国子公司来说，遵守东道国的法规可能是一项挑战，它们往往比其国内竞争对手面临更多的诉讼。因此，作者认为，随着行政距离的增大，外国子公司的合规负担也会加重，也就是说，对来自行政管理模式与东道国非常不同的母国公司来说，适应东道国政策和法规的成本更高，而更难以遵守东道国的法规，这些公司遵守东道国社会规范的能力更低。另一方面，如果母国与东道国之间的行政距离越小，由于东道国的规章制度与母国相似，外国跨国公司对东道国的规章制度就越熟悉。这表明，较小的行政距离使跨国公司对东道国的法规有更深入的理解从而有更强的适应力。

2）制度适应难度→企业社会责任投入意愿。这一逻辑关系是显而易见的，即如果跨国公司更难适应东道国的行政管理模式，那么其也更难通过履行社会责任满足东道国政府的要求来获取合法性。因此，作者提出如下假设。

假设 H1b：母国与东道国之间行政距离越大，外国子公司在东道国履行社会责任的可能性越小。

【点评】作者从关键概念的定义着手阐释了行政距离对跨国公司子公司在东道国履行社会责任能力的影响。但是就其对行政距离和企业社会责任的定义来看，作者阐述的内部机制似乎不能推导出行政距离与跨国公司在东道国社会责任之间的关系，因为作者将行政距离定义为跨国公司的母国和东道国监管环境的差异，而将企业社会责任定义为"超越"政府规定的企业社会活动水平。按照 Scott（1995）对于制度的定义，这里的企业社会责任更多的是一种规范制度（normative）或认知制度（cognitive）层面的社会活动，而非监管制度层面的。因此作者认为的监管制度间较大的差异增大了跨国公司的制度适应性的难度更多指的是监管制度层面的适应性，故而并不能推导出规范制度或认知制度层面的适应性，进而不能认为监管制度层面的差异性导致企业履行社会责任的成本增加。

此外，本假设的解释机制缺乏相关的理论支持，较为单薄。而作为一项严谨的学术研究，在理论构建过程中尤其需要注意的是，在论述机制时不能凭空而论，影响机制中任何一个逻辑链条上的关系都需要有一些依据，也就是需要有已发表的高质量文献来支撑。

（3）**地理距离与企业社会责任投入意愿间关系的解释机制。**作者从企业履行社会责任意愿的角度解释了地理距离对跨国公司子公司在东道国履行社会责任的负面影响，其机制在于较大的地理距离一方面减少了母国与东道国个体及组织间的接触，降低了跨国公司子公司对于东道国的同理心，从而削弱了其在东道国履行社会责任的意愿，进而减少了跨国公司在东道国的社会责任投入。另一方面在于随着地理距离的增大，媒体对于跨国公司在东道国社会责任的正面宣传减少，导致其社会责任传播效应减弱，从而降低了企业履行社会责任的意愿。其逻辑链条如图8-4所示。

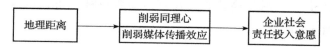

图8-4　地理距离与企业社会责任投入意愿间关系的逻辑链条

1）**地理距离→削弱同理心。**行动者之间的个人接触会增加依恋感和移情，但是较大的地理距离会导致较少的个人接触和社会互动，进而对跨国公司在东道国产生同理心带来不利影响。企业社会责任政策是在母公司层面上制定的，那么更大的地理距离会导致母公司的高层管理团队与东道国的利益相关者和公民之间更少的接触，从而减少跨国公司子公司对东道国的同理心。

2）**地理距离→削弱媒体传播效应。**随着地理距离的增大，媒体关于跨国公司在东道国社会责任的相关报道和赞扬将不那么凸显，也即是说，跨国公司在东道国社会责任活动的传播效度将会降低，从而削弱了跨国公司在东道国履行社会责任所能带来的正面效应（如提升声誉），降低了企业在东道国履行社会责任的意愿。基于此，作者提出如下假设。

假设H1c：母国与东道国之间地理距离越大，外国子公司在东道国履行社会责任的可能性越小。

【点评】本假设从地理距离影响同理心和媒体传播效应这两个内在机制出发解释了地理距离对企业社会责任投入意愿的负面影响。但是这两个机制都存在一定的问题，尤其是在互联网时代，地理距离并不能阻断个体间及组织间的接触与互动，媒体传播效应也因为网络传播而摆脱了地理距离的限制。因此，本假设的逻辑在互联网时代值得商榷。此外，这两套机制也并未采用相同的理论视角去解释。一般而言，一篇文献不要提供过多的理论视角，这样会导致逻辑不清、理论贡献分散。

（4）**经济距离与企业社会责任投入意愿间关系的解释机制**。作者从需求相似性和企业资源角度入手，提出这一关系的影响机制在于：一方面，较大的经济距离意味着两国消费者之间的收入和福利的差距较大，因而其生活态度和方式也存在较大差距，对于企业社会责任的总体需求也不尽相同，从而降低了跨国公司在东道国的社会责任投入意愿。另一方面，若母国经济水平落后于东道国，则跨国公司子公司受制于资源限制，缺乏在东道国履行社会责任的能力；而母国经济水平若是领先于东道国，则其缺乏通过在东道国履行社会责任以获得资源的意愿。其逻辑链条如图 8-5 所示。

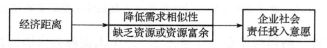

图 8-5　经济距离与企业社会责任投入意愿间关系的逻辑链条

1）**经济距离→需求相似性**。经济距离表现为国家间消费者财富或收入的差异，以及生产要素成本和质量的差异。母国和东道国之间的经济距离越小，母国和东道国在收入和财富方面就越相似。经济上的相似性反映在消费者的态度和生活方式上，包括消费者对有社会责任感的产品的需求，如无农药产品。这反过来又有助于确定东道国对 CSR 的总体需求。因此，如果两国间的经济距离越接近，则两国对 CSR 的总体需求就越相似；相反，若两国经济距离越大，则会降低其需求相似性。

2）**需求相似性→企业社会责任投入意愿**。作者进一步指出相对那些经济距离较大的国家而言，母国和东道国间经济相似性带来的需求相似性能使跨国公司子公司更理解东道国的社会责任需求，从而提高在东道国履行社会责任的意愿。

3）**经济距离→企业资源**。作者认为如果母国比东道国穷得多（例如，在美国投资的来自越南或墨西哥的跨国公司），则企业缺乏履行社会责任的必要资源；如果母国经济水平领先于东道国，则来自该母国的跨国公司子公司在东道国拥有更多的财务资源和更强的财务支持。

4）缺乏资源或资源富余→企业社会责任投入。与东道国竞争对手相比，随着经济距离的增大，来自较贫穷国家的子公司很可能缺乏对企业社会责任进行投资的能力（即必要的资源）。另外，若是企业拥有富余的财务资源，在东道国拥有较强的财务立足点，则跨国公司子公司就没有太强烈的动机通过投资履行企业社会责任来获得合法性和对抗外来者劣势。

综上，作者提出如下假设。

假设 H1d：母国与东道国之间经济距离越大，外国子公司在东道国履行社会责任的可能性越小。

【点评】这里的逻辑解释不仅考虑了经济距离的水平，还考虑了经济距离的方向（是母国比东道国经济发展水平高还是东道国比母国经济发展水平高），且不同的方向具有不同的影响。然而其不足之处在于未能将宏观的国家经济水平如何影响企业行为的机制说清楚，即作者默认来自经济水平较高国家的跨国公司子公司具有更多的闲置资源，来自经济水平较低国家的跨国公司子公司的闲置资源则较少，忽略了跨国公司母公司和子公司间关系的影响，也即我们不能认为国家经济水平与跨国公司子公司资源是正向的关系。此外，作者关于需求相似性影响企业社会责任投入的论述缺乏相关论文的佐证，难以令人信服，且相似的需求水平只能说明相似的 CSR 投入，不能说明 CSR 投入水平也必然增加。

（5）企业社会责任声誉与企业社会责任投入意愿间关系的解释机制。该研究从期望违背成本角度解释企业社会责任声誉对跨国公司子公司在东道国社会责任投入的正面影响，其影响机制在于：较高的企业社会责任声誉会形成利益相关者对企业社会责任高投入的期望，利益相关者会将企业履行社会责任视作对其的承诺，而违背这一承诺将给企业带来声誉损失。其逻辑链条如图 8-6 所示。

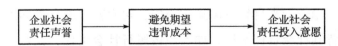

图 8-6　企业社会责任声誉与企业社会责任投入意愿间关系的逻辑链条

1）**企业社会责任声誉→期望违背成本。**企业声誉越好，消费者对企业提供优质产品和服务的期望就越高，消费者就更有可能对违约的高声誉企业进行惩罚。违背承诺的负面后果对声誉高的公司比声誉低的公司更严重。换句话说，对那些拥有良好声誉的公司来说，由于违背利益相关者期望导致的合法性损失预计会更大。

2）**期望违背成本→企业社会责任投入**。具有较高社会责任声誉的公司会出于避免期望违背所造成的损失而增强其在东道国的社会责任投入。

综上，作者提出如下假设。

假设 H2：企业社会责任声誉与外国子公司在东道国履行企业社会责任的可能性正相关。

3. 对主关系逻辑链条上潜在假设的讨论

作者从期望违背的角度解释企业社会责任声誉对距离与企业社会责任之间的负向关系的调节作用，其逻辑链条如图 8-7 所示。

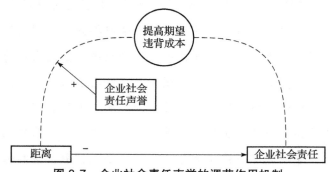

图 8-7　企业社会责任声誉的调节作用机制

作者首先将前文提到的文化距离、行政距离、地理距离和经济距离合成一个距离（CAGE distance），并提出一旦东道国利益相关者形成了对跨国公司子公司的社会责任期望，则对距离较远的跨国公司而言，其违背这种社会责任承诺的代价会更高。

该研究认为东道国对于来自较远国家的跨国公司的刻板印象更强而更会将这些企业归集为"外来人"，对这些公司而言，克服"外来者劣势"这一刻板印象的成本也就更高。相较于来自较近国家的跨国公司而言，来自更远国家的跨国公司子公司一旦违背其社会责任承诺，如不积极履行社会责任，就要承担更高的声誉损失成本。

据此，作者提出如下假设。

假设 H3：企业社会责任声誉弱化了距离与外国子公司在东道国履行社会责任可能性之间的负相关关系。

【点评】本假设的逻辑解释的关键机制在于来自距离较远国家的跨国公司子公司因为面临着较高的外来者劣势，当其违背企业社会责任承诺时会面临更高的合法性丧失风险，承担更高的声誉损失成本。因此，企业为了避免违背承诺而积极地在当地履行社会责任。

这里存在的问题是，首先，作者将前文提到的四种距离整合成单一距离，但是前文的各维度距离对于企业社会责任的影响机制不尽相同，如此整合存在很大的理论问题，我们无法判定到底是哪一种机制在发生作用。并且，作者认为CAGE 距离影响企业违背期望的成本，进而影响到企业在当地的社会责任投入，这与前文所构建的理论机制又有所不同。

其次，按照作者在本部分的理论解释及行文，此处更适合将企业社会责任声誉作为自变量，国家间距离作为调节变量，即企业社会责任声誉使得东道国利益相关者形成了对跨国公司的社会责任期望，也即提高了跨国公司在东道国的社会责任期望违背成本，从而正向影响了跨国公司在东道国后续的社会责任投入。进一步地，若企业违背了东道国利益相关者对跨国公司的期望，会唤起东道国利益相关者对于跨国公司的"外来人"初始印象，此时来自更遥远国家的跨国公司将由于其面临更高的外来者劣势而承担更高的期望违背成本，从而增强了企业社会责任声誉与跨国公司在东道国履行社会责任间的正向关系。其理论框架如图 8-8 所示。

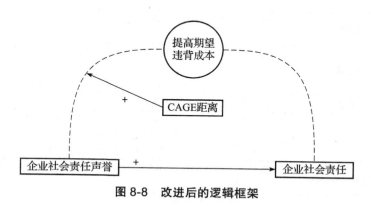

图 8-8　改进后的逻辑框架

8.3　研究设计

1. 数据来源

为了能衡量跨国公司子公司在东道国的社会责任水平，该研究使用了来自美国 CRA 数据库 1990 ～ 2007 年的数据。该数据库为检验距离与跨国公司在东道国企业社会责任之间的关系提供了恰当的样本。CRA 评级是由政府机构对企业的社会责任水平做出的评价，可以认为被评为优秀企业，其企业社会责任水平是高于政府规定和预期的，因此符合该研究对于企业社会责任这一概念的定义。在删除部分缺失值后，该研究的最终样本包括来自 32 个国家的 182 家外国银行附属机构，合计 576 个数据。

2. 变量衡量

变量衡量如表 8-1 所示。

表 8-1　变量衡量

变量类型	变量名称	衡量方式
因变量	企业社会责任	如果企业社会责任评级为优秀赋值为 1，否则为 0
自变量	文化距离	基于 Hofstede 的四个原始文化维度——个人主义 – 集体主义、男性主义 – 女性主义、不确定性规避和权力距离，用 Kogut 和 Singh（1988）公式计算文化距离如下：$$\text{cultural distacne} = \sum_{d=1}^{4} (I_{dc} - I_{du})^2/4V_d$$
自变量	行政距离	用世界银行的治理指标来衡量行政距离，包括话语权和问责制、政治稳定和暴力缺失、政府效率、监管质量、法治和腐败控制等维度（Mastruzzi，2006）。使用这六个指标，基于 Kogut Singh 公式计算行政距离如下：$$\text{administrative distacne} = \sum_{a=1}^{6} (I_{dc} - I_{du})^2/4V_a$$
自变量	地理距离	根据母国和东道国首都间的地理距离（Bouquet、Birkinshaw，2008）计算
自变量	经济距离	某一年目标企业的母国和东道国的人均国内生产总值之差的绝对值，计算公式如下：$$\text{economic distance} = \log(1 + |\text{GDP}_{\text{pc US}} - \text{GDP}_{\text{pc hc}}|)$$
自变量	CAGE 距离	利用主因子分析方法构建
调节变量	企业社会责任声誉	声誉影响力：如果这家银行过去曾被评为优秀赋值为 1，否则为 0 声誉实力：过去被评为优秀银行的次数 声誉衰退：1 除以距离银行上一次获得优秀评级以来的年数
控制变量	Regulator OCC	如果银行被美国货币监理署（OCC）或银行被联邦政府评级，赋值为 1，否则为 0
控制变量	银行规模	银行资产的自然对数
控制变量	市场经验	银行成立日期与财务年度之间的差值的自然对数
控制变量	银行财务绩效	ROA_{t-1}
控制变量	LME	跨国公司母国如果属于欧洲国家赋值为 1，否则为 0
控制变量	市场规模	银行存款总额取对数
控制变量	当地密度（local density）	某区域内银行数量的自然对数

（续）

变量类型	变量名称	衡量方式
控制变量	人均收入（per capita income）	国民生产总值 / 总人口
	人口大区（large population）	如果企业所在地人口超过 500 万则赋值为 1，否则赋值为 0
	外国出生的百分比（foreign born %）	在美国以外出生的当地人口的百分比
	年份	虚拟变量

3. 研究方法

作者采用回归分析方法验证假设 H1a ～ H1d，然后进行主因子分析，以构建 CAGE 距离变量，将其作为对假设 H1a ～ H1d 的稳健性检验，并在检验假设 H2 和 H3 时使用该变量。

【点评】尽管可以在实证上对变量 CAGE 距离进行如此操作，但是理论上各个距离对于企业社会责任产生影响的机制是不一样的，进行如此操作在理论上其实存在很大问题。

8.4　研究结果

研究结果表明母国与东道国距离越远，跨国公司子公司越不会在东道国履行社会责任。此外，研究发现企业社会责任声誉对跨国公司子公司在东道国履行社会责任具有积极影响。

8.5　该研究的局限性

同任何研究一样，该研究也存在一些不足之处，作者已指出。首先，该研究依赖于单一行业和单一国家的数据，这可能会影响结论的普适性；其次，该研究只关注社区的参与这一企业社会责任形式，不能涵盖企业社会责任的完整内涵，因此，因变量衡量有一定的局限性。

此外，作者在理论构建过程中存在一些不足。该文在理论上最大的问题在于将不同维度的距离最终合成一个距离概念，而各个维度的距离对于企业社会责任产生影响的理论机制不尽相同，如此概念整合在理论上存在很大问题。

8.6 对该研究的思考

首先，该研究最大的亮点在于突破了关于距离对跨国公司在东道国履行社会责任产生正面影响的传统思维，从企业社会责任意愿及企业社会责任能力两个方面阐述了距离对跨国公司在东道国履行社会责任的负面影响（见图8-9）。这就启示我们在选择研究问题时要敢于突破常规思维，提出与大家默认的知识（常识）相反的观点，而这种反直觉、反常识的研究往往是非常具有张力且吸引人的。

其次，该研究的另一亮点在于从多理论视角构建了国家间不同维度的距离对跨国公司在东道国履行社会责任产生影响的机制，这样做能够方便作者对自变量影响因变量的路径做出合理解释。但是这样做的缺点也很明显，即难以构建一个统一的理论体系去解释概念间的关系。例如，该研究就分别从不同的理论视角研究了文化距离、行政距离、地理距离、经济距离对跨国公司在东道国履行企业社会责任的影响，最后又简单地将四个距离概念合并成CAGE距离，从另外一个角度解释CAGE距离如何影响企业履行社会责任。

最后，在实证分析过程中要保证变量的定义和测量与理论保持一致。比如，该研究中将企业社会责任定义为超越政府规章制度、法律要求的社会活动，在变量测量中则根据政府给企业社区表现评级是否为优秀去衡量企业社会责任，与定义保持了一致。

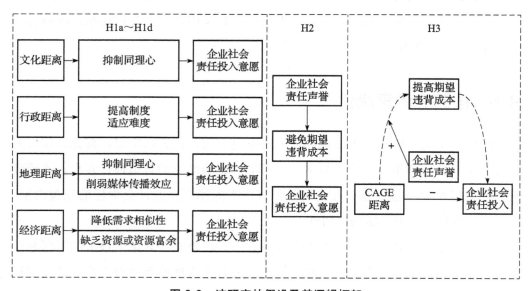

图8-9 该研究的假设及其逻辑框架

第 9 章

概念细分

【文章题目】 《敢与众不同？中国企业社会活动的合规性与差异性及其市场反应》（"Dare to be Different? Conformity vs. Differentiation in Corporate Social Activities of Chinese Firms and Market Responses"）

【文章作者】 张彦龙（Yanlong Zhang），北京大学（Peking University）；王鹤丽（Heli Wang），新加坡管理大学（Singapore Management University）；周小宇（Xiaoyu Zhou），上海科技大学（Shanghai Tech University）

【文章来源】 *Academy of Management Journal*，2020，63（3）：1-53（UTD24）

【文章概要】 该研究基于最优区分理论探索企业社会责任（CSR）活动的合规性与差异性如何影响证券分析师对公司的评估及证券市场反应。作者提出企业社会责任活动广度上的合规性提升了证券分析师对企业的关注度，企业社会责任活动深度上的差异性能够提升证券分析师的推荐评级及获得更高的市场价值。作者强调企业应该在 CSR 活动中获得广度上的合规性的同时在深度上做到独特性（差异性），以达到最优区分的效果。为了进一步增强对 CSR 合规性或差异性与证券分析师荐股评级或资本市场反应之间关系的理解，该研究从企业特征和分析师特征方面探索调节因素。运用 2008 ～ 2014 年中国上市公司的社会责任数据，实证结果表明 CSR 活动的合规性对证券分析师关注度的影响在国有企业及可见度高的企业中更强。另外，CSR 活动的差异性与分析师荐股或市场价值之间的关系在被声誉较高的证券机构关注的企业中更强，但是对那些处在盈余压力下的企业而言这一关系被弱化。

9.1　研究背景

1. 写给谁看

战略管理相关的研究长期以来一直面临一个问题：企业如何能在通过从众行为获得合法性的同时培养差异化特征，以维持竞争优势？这是战略管理领域学者关注的重点问题之一。

【点评】 文章开篇点明是立足于战略管理领域，目的在于解决该领域长期以来理论上一个突出的矛盾问题，即企业如何在顺应制度压力获得基本合法性的基础上，培养独特或差异化的特征以获取竞争优势。

2. 我们知道什么

最优区分理论（optimal distinctiveness）就以上问题提供了一个有用的分析框架。但是，现有关于最优化区分的文献大多基于战略性平衡视角，认为合规性与差异性是一对竞争性的需求，并仅关注企业如何获取合法性。

【点评】 该研究通过回顾有关最优区分理论相关的研究，并对现有研究进行总结、评述，以引出现有研究的不足之处。该研究在这个部分的概括是非常简洁的，旨在点出已有相关研究的主要观点。

3. 我们不知道什么

现有关于最优区分理论的文献存在以下两个问题未得到解决。

其一，现有研究提出企业可以在合规性与差异性之间寻求一个单一平衡点。尽管这种策略是有用的，但是不能体现企业在获取最优区分效果过程中的战略多样性。尽管有研究指出应该超越单一平衡点的观念，然而这些研究并未直接指向最优区分领域，其讨论也通常涵盖了非常宽泛的战略话题。

其二，对于不同公司在合规性与差异性需求上的差异，以及合规性与差异性对资本市场反应的影响等问题的认识还不够。考虑到不同企业在组织特征或经营环境方面存在的差异，某些合规性与差异性选择对一些企业而言是最优的，但是对其他企业而言可能是次优选择。因此，有必要对最优区分理论进行情景化讨论，考察在何种条件下，企业对合规性或差异性的需求会发生变化，以及合规性或差异性给企业带来怎样的影响。

【点评】在讨论已有文献存在的不足时，要掌握相关研究的主要观点和潜在假设，做到有的放矢。例如，在这里作者就指出已有研究主要是强调最优区分的单一平衡点，但是这不符合战略多样性的现实，从而给出已有研究的第一个不足之处。另外，现实中企业存在很多差异，不可能千篇一律都采取同样的最优区分策略，故而还需要去探讨影响最优区分策略的情景因素。

4. 这会有何影响

对最优区分理论认识不够完善，使得理论对实践的指导价值降低。一方面，当前的最优区分理论不能很好地解释企业为何采取差异化的区分策略；另一方面，企业高管难以结合各自的经营环境，在理论指导下选择恰当的区分策略。

5. 如何解决这一问题

作者探索了企业社会责任实践同时实现合规性和差异性的具体途径。两种 CSR 战略维度分别是：议题广度（scope），指的是一家企业履行 CSR 活动涵盖的议题（field）的数量；议题深度（emphasis），指的是一家企业在不同 CSR 议题上的资源分配。

CSR 的议题广度与一家企业的社会合法性相关。基于 CSR 议题广度这一维度，社会公众可以将 CSR 活动所覆盖的议题领域与行业规范进行比对，以判断企业社会活动的合法性。CSR 的议题深度表示允许企业选择不同的社会议题作为侧重点，以使得 CSR 活动比同行对手更加独特。

作者认为企业可以在 CSR 议题广度满足合规性的前提下凸显 CSR 实践的独特性（差异性），以达到与其他企业最优区分的效果。据此，作者提出假设，认为 CSR 议题的广度提升企业的合法性，从而正向影响了证券分析师对企业的关注度。然而，CSR 议题深度上的差异性则给企业带来了更多价值创造机会，表现为获得更积极的分析师推荐评级及更好的资本市场表现。

进一步地，该研究探索了一些影响企业合规性或差异性战略有效性的情景因素。作者提出 CSR 广度与分析师关注之间的关系随着企业合法性需求的变化而变化。企业的合法性通常有两个来源：政府监管机构及社会公众。因此，该研究分别从这两个方面选取了影响企业合法性需求程度的调节因素：国有产权性质及企业可见度。另外，CSR 活动深度的差异性与分析师推荐评级及企业价值之间的关系取决于企业的差异化战略被资本市场参与者所欣赏与重视的程度。特别地，该研究提出 CSR 深度的差异化对于分析师推荐评级的影响会受到分析师所供职的证券机构的声誉及企业的业绩表现的影响。

【点评】该研究从最优区分视角构建解释 CSR 广度合规性或深度差异性与证券分析师荐股评级行为及资本市场价值之间的关系，即 CSR 广度通过影响企业的合法性而最终改变证券分析师对企业的关注度；而 CSR 深度上的差异性凸显企业 CSR 实践的独特价值，从而影响了证券分析师对企业的评价及资本市场价值。进一步地，为了提高这一解释机制的可靠性，作者还考察了各种情景因素下对这一解释机制作用强度的影响。这也是提升理论解释力的常见做法。

6. 贡献在哪儿

该研究指出在一个特定的企业实践活动中可能同时实现合规性和差异化而对最优区分理论有贡献。企业可以在 CSR 实践的不同维度上战略性地进行调整以获得更好的市场评价。另外，企业的特征和经营环节影响 CSR 最优区分策略的效果。最后，该研究提出了 CSR 活动的议题广度与议题深度的概念，并创新性地提供了量化方法。

【点评】作者将 CSR 活动从广度和深度两个维度上进行划分，并基于这一概念划分来构建理论，指出 CSR 广度代表合法性，而 CSR 深度代表差异性，完美地与最优区分理论结合起来，从而能利用 CSR 活动这一情景构建新的最优区分理论，做出理论贡献。这其中，最关键的部分就是将 CSR 行为在概念层面划分成两个维度，这是该研究的一大创新点，也是最核心的要点。我们对理论的贡献往往都来源于将传统概念进行细分，通过细化概念发现其间微妙的差异从而完善现有理论。

9.2   理论构建

1. 概念模型与研究假设

该研究共提出 6 个假设，理论框架如图 9-1 所示。

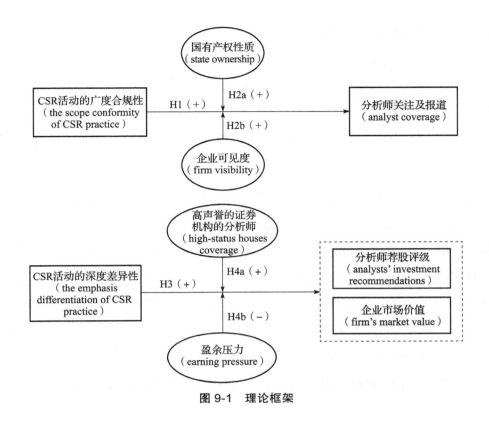

图 9-1　理论框架

该研究提出的假设如下。

（1）H1：CSR 活动的广度合规性与分析师关注度正相关。

（2）H2a：CSR 活动的广度合规性与分析师关注及报道之间的正向关系在国有企业中更强。

（3）H2b：CSR 活动的广度合规性与分析师关注及报道之间的正向关系在可见度高的企业中更强。

（4）H3：CSR 活动的深度差异性与分析师荐股评级及企业的市场价值正相关。

（5）H4a：相对于受到来自声誉较低的证券机构的分析师关注的企业，CSR 活动的深度差异性与分析师荐股评级及企业的市场价值之间的正向关系在那些受到来自声誉较高的证券机构的分析师关注的企业中更强。

（6）H4b：相对于盈余压力较大的企业，CSR 活动的深度差异性跟分析师荐股评级及企业的市场价值之间的正向关系在盈余压力小的企业中更强。

【点评】证券分析师对 CSR 活动的评估过程可以分为"关注"和"评级"两

个阶段。假设 H1 主要关注"关注"阶段。证券分析师在"关注"阶段主要考察企业的合法性（legitimacy）。例如，企业遵循政府或相关社会机构发布的关于社会责任的行业指引，表明企业的行为合法合规，这种合法性较高的 CSR 活动能提升证券分析师对企业的关注度。另外，在合法合规的基础上，企业实施具有自身特色的社会责任活动，区别于行业中的竞争者，这种差异化能提升证券分析师的推荐评级。

构建起这一套理论框架，本质上需要对文献有很好的理解。例如，分析师关注度受到企业合法性的影响，这个在已有文献中是提到过的，故而，如果企业 CSR 活动的广度体现的是合法性，那么 CSR 活动的广度就会影响分析师关注。这就顺理成章地提出该研究的主假设 H1。同样，如果分析师评级或市场价值都与企业的竞争优势有关，那么基于战略管理传统观点即差异化是构建竞争优势的关键，CSR 活动上的差异化战略（如议题深度上的差异）就能提升企业竞争优势，从而有利于获得更好的市场反应。这一逻辑也就支撑提出主假设 H3。

2. 假设 H1 的解释机制：CSR 活动的广度合规性与分析师关注度之间的关系

作者认为 CSR 活动的广度合规性有利于提升企业的合法性水平；企业合法性水平越高，越有利于得到分析师等利益相关者的关注。这一逻辑关系如图 9-2 所示。

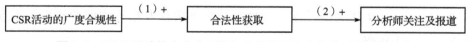

图 9-2　CSR 活动的广度合规性与分析师关注度间关系的逻辑链条

（1）CSR 活动的广度合规性→合法性获取。作者首先解释逻辑链条上的第一个环节。上市公司往往需要积极与证券分析师建立联系以获取证券分析师的青睐。然而，鉴于 CSR 活动的复杂性，诸如证券分析师等外部观察者难以准确衡量和评估企业社会活动的水平，往往依赖于一种原型分类（prototypical categorization）的模式，即分析师等常常会依赖于这种原型（社会规范或政府规定）对企业社会实践的合法性进行评估。这是因为原型提供了一个明确可识别的判断标准，使受众能轻松地观察并将其整合到他们的评估过程中。那些偏离原型的实践活动就可能会引发受众的理解困难，导致受众无法理解企业实践活动的真实意图，因而也就认为这些社会实践活动不具有合法性。

　　分析师的评估过程中有两个关键性的步骤：熟悉化（familiarizing）与推理（reasoning）。前者跟分析师的报道决策紧密相关，其目的在于评估公司在某些领域的实践活动在多大程度上符合既定的准则或惯例。在 CSR 实践活动中，一个企业社会实践活动涵盖的社会议题的多少（如环境、员工健康与安全、产品质量及慈善活动）反映了其活动在多大程度上符合社会规范和惯例。在中国，相关行政部门对于 CSR 实践涵盖的议题给出了明确的指导意见，这也更加强化了分析师将企业 CSR 活动的广度是否符合规范作为判断企业合法性的标准。

　　（2）合法性获取→分析师关注及报道。显然，分析师从维护自身声誉和利益的角度出发，也会主动回避与不具有合法性的企业发生业务关系，增强对具有合法性企业的关注及报道。故而，作者提出该研究的第一个假设。

　　假设 H1：CSR 活动的广度合规性与分析师关注度正相关。

3. 对假设 H1 逻辑链条上潜在假设的讨论

　　该研究中，在支撑主关系成立的机制（合法性评估）中，尽管 CSR 活动的广度可以作为分析师对企业合法性水平的评估依据，但在不同企业中 CSR 活动的广度与分析师关注之间的关系也可能发生变化。这里，作者实际上潜在假设认为所有企业通过履行 CSR 活动都能获取同等水平的合法性，并且企业履行各种 CSR 活动都能为公众所熟知，也就是说，CSR 活动的覆盖领域是广为人知的。然而，这些潜在假设并不是必然成立的。例如，相比民营企业，履行社会责任对国有企业获取合法性而言更为重要。知名度高的企业其 CSR 活动涉及的领域更容易为大众所熟知；相反，如果企业没有知名度，即便其做了许多 CSR 活动，分析师也不一定能够知道，从而影响对企业的合法性判断。

　　（1）国有产权性质的调节作用。产权性质不同的企业，获取合法性的需求不同，因而影响到通过 CSR 活动的广度合规性获取分析师积极回应的有效性。与民营企业相比，国有企业的合法性需求更高，分析师对其进行评估时会更加关注 CSR 广度的合规性。这一逻辑关系如图 9-3 所示。

　　CSR 活动的广度合规性→合法性获取链条上的潜在假设：国有产权性质。在中国背景下，政府及其行政机构是企业合法性的重要来源。从历史来看，国有企业曾经是一系列社会服务的重要提供者，除了追求经济利益，政府还要求国有企业承担其他社会功能，如提供大量就业岗位，为员工和社区提供社会服务。尽管国企的这些功能在近年来的企业改革中弱化了，但是中国政府依然对国有企业在非盈利目标上有很高的期待和要求。显然，国有企业广泛地履行社会责任能更好地满足政府诉求而获得合法性。如果国企不能很好地回应政府诉求而参与各种社会活动，是有损其合法性的，这也必然会引起分析师的不满而减少对这类国企的关注。

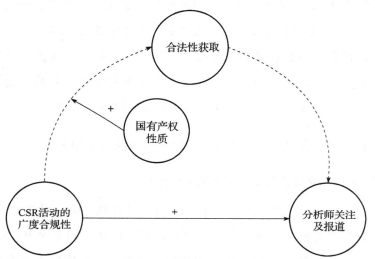

图 9-3   CSR 活动的广度合规性与分析师关注及报道间关系的调节因素：国有产权性质

基于以上论述，作者提出如下假设。

假设 H2a：CSR 活动的广度合规性与分析师关注及报道之间的正向关系在国有企业中更强。

【点评】逻辑上，这里强调的是相比民企，国企通过广泛参与 CSR 活动能获得更高水平的合法性，从而得到分析师的认可和关注。这是因为在评估国有企业合法性时，是否参与 CSR 活动占有更大的权重。故而，国企广泛参与各种 CSR 活动对其合法性获取更为有利，而 CSR 活动方面的疏漏则会给国企带来更大的合法性损失。

（2）**企业可见度的调节作用。**在主关系的逻辑中，CSR 实践活动的合规性能够帮助企业获取合法性还存在一个潜在假设：CSR 实践活动能被利益相关者注意到。然而，在现实中，可见度不同的企业，其 CSR 活动受到利益相关者的关注度也不同。沿着这一逻辑，通过放松这一逻辑链条上的潜在假设，作者引入企业可见度这一调节变量，并论述当企业可见度不同时，如何影响 CSR 活动广度对分析师关注的影响。这一逻辑关系如图 9-4 所示。

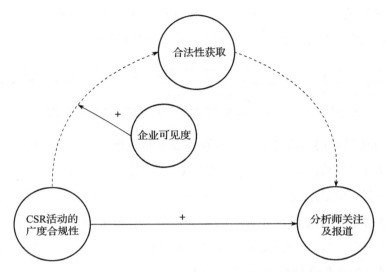

图 9-4　CSR 活动的广度合规性与分析师关注及报道间关系的调节因素：企业可见度

CSR 活动的广度合规性→合法性获取链条上的潜在假设：企业可见度。 作者认为：其一，就 CSR 活动而言，高可见度的企业在对外宣传企业活动方面具有明显的优势；其二，可见度高的企业受到了来自社会公众、利益相关者更加严格的审查。因此，这类企业的 CSR 活动也更加受到外界关注，使得其有关 CSR 活动的信息能更有效地传递给分析师，从而获得分析师的认可。

基于以上两方面原因，作者提出如下假设。

假设 H2b： CSR 活动的广度合规性与分析师关注及报道之间的正向关系在可见度高的企业中更强。

【点评】这一调节关系所对应的潜在假设是有关 CSR 活动的信息传递的有效性的。作者实际上是从两个角度来阐述观点的：其一，知名度高的企业可以更为有效地把 CSR 信息传递给受众；其二，知名度高的企业受到公众更大的关注（scrutiny）而使得其 CSR 行为更多地被公众注意到。即一个是企业主动传递，一个是受众主动搜寻，二者结合提高了 CSR 信息的可见性，故而更有助于企业获取合法性。

4. 假设 H3 的解释机制：CSR 活动的深度差异性与市场反应

接下来，作者分析 CSR 活动的第二个维度，即 CSR 活动的深度，探讨了 CSR 活动的深度差异性与分析师荐股评级或企业市场价值之间的关系。作者提出 CSR 活动的深度差异性能给企业带来竞争优势并得到分析师的认可，从而能提升分析师对企业的评价与企业的市场价值。这一逻辑关系如图 9-5 所示。

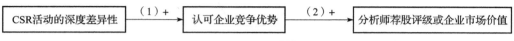

图 9-5　CSR 活动的深度差异性与市场反应间关系的逻辑链条

（1）CSR 活动的深度差异性→认可企业竞争优势。对于逻辑链条上的第一个环节，作者给出的理由是：尽管通过增加 CSR 广度获取合法性能够提升分析师对企业的关注度，但是想要赢得分析师对企业的认可，需要企业采取独特的战略以区别于竞争对手。CSR 活动的深度展示了企业的差异化特征，帮助企业有效地跟竞争对手区分开。总之，CSR 活动的深度差异性给证券分析师及社会大众提供了关键性证据以帮助其评估企业的战略优势。

（2）认可企业竞争优势→分析师荐股评级或企业市场价值。具有竞争优势的企业自然能在市场上更加吸引分析师和投资者的注意力。一方面，分析师偏好具有独特性的企业，认为这样的企业有更加清晰的市场战略，更有可能创造更大的价值。另一方面，专业的投资者也喜欢投资有特点的公司。

基于以上论述，作者提出如下假设。

假设 H3： CSR 活动的深度差异性与分析师荐股评级及企业的市场价值正相关。

【点评】 与 CSR 活动的广度通过影响企业合法性获取进而影响分析师关注相比，这里 CSR 活动的深度对分析师产生影响是通过认可企业竞争优势来发挥作用的，故而二者产生作用的机制是不同的，这也是在构建理论中需要特别注意的地方，即不同的 CSR 维度所发挥作用的机制是存在显著差异的。当然，这里作者认为企业差异化的 CSR 战略能展示企业的竞争能力和价值，关于这一点文中并没有提供必要的文献支撑。

5. 对假设 H3 逻辑链条上潜在假设的讨论

CSR 活动深度的差异性能给企业带来多少利益（如竞争优势）取决于利益相

关者在多大程度上欣赏 CSR 的差异化战略。作者在论述这一主关系时，实际上潜在假设认为利益相关者欣赏企业在 CSR 活动方面的差异性，故而会认为 CSR 活动的差异体现了企业的战略独特性和经营能力。随后，作者放松了这一潜在假设，从分析师所供职的证券机构的声誉及企业财务的业绩表现两个方面分别研究分析师是否有能力解读及是否欣赏 CSR 差异化战略。

【点评】在研究框架中引入调节变量的目的就是要提高所构建理论的可靠性（详见《管理研究的思维方式》第 6 章）。作者在提出调节关系假设前就明确指出了主关系假设中所涉及的潜在假设，这一点值得学习，毕竟许多文献其实并不会直接指出主关系逻辑链条上的潜在假设是什么，以及调节变量的引入相应放松了哪个潜在假设。

（1）证券机构声誉的调节作用。在假设 H3 的逻辑链条上存在一个潜在假设：分析师有能力解读、鉴赏企业的 CSR 差异化战略。显然，这一潜在假设在现实中不必然成立。不同业务水平的分析师对企业 CSR 活动的分析与鉴赏能力存在差异，业务水平高的分析师有能力从 CSR 活动中识别出企业的竞争优势，但是业务水平低的分析师的信息搜寻与分析能力有限，无法有效从企业 CSR 实践活动的差异中挖掘出有效的信息来评价企业的竞争优势。

这里，作者用证券机构的声誉来衡量分析师的业务能力。作者认为跟那些排名较低的证券机构相比，排名较高的证券机构拥有更多的资源来支持其分析师进行独立分析。再者，来自排名较高的证券机构的分析师通常分工明确，一般会聚焦于某几个行业，集中精力关注少数企业，因而更加专业。与之相反的是，那些排名较低的证券机构经常服务于小型客户，而且客源不稳定，这些机构的分析师常常疲于应付客户，没有太多精力对企业进行深入调研与分析。鉴于以上原因，作者认为排名较高的证券机构的分析师更加有能力对企业的差异化战略进行解读。据此，这一逻辑关系如图 9-6 所示。

【点评】这里，作者用证券机构的声誉来代表其业务能力。这实际上是对概念的操作化，即逻辑上作者需要从分析师的业务能力角度入手来放松主关系的潜在假设，现实中很难直接衡量分析师的业务能力，只能间接地衡量。故而，这里作者就借用分析师所在证券机构的声誉来间接衡量分析师的业务能力（即概念操作化）。当然，作者也给出了必要的说明来证明这样做的合理性。

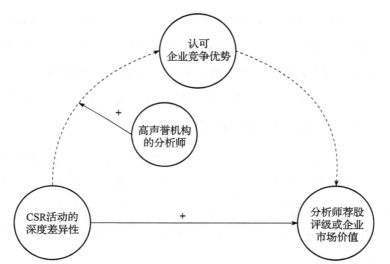

图 9-6　CSR 活动的深度差异性与市场反应间关系的调节因素：证券机构声誉

CSR 活动的深度差异性→认可企业竞争优势逻辑链条上的潜在假设：证券机构声誉。 沿着这一逻辑，通过放松这一逻辑链条上第一个环节的潜在假设，作者引入分析师所属证券机构的声誉这一调节变量，其论述如下：首先，排名较高的证券机构的分析师更加有能力对企业的差异化战略进行解读；其次，那些来自排名较低的证券机构的分析师如果预测不准确，将面临更大的降职与失业风险，这些分析师在评估那些 CSR 活动具有独特性的企业时也就更加保守。

据此，高声誉的证券机构的分析师更加欣赏企业 CSR 活动的差异性而给出更为积极的评价；而企业得到分析师的评价越高，自然能够获得投资者越多的青睐从而提升其市场价值。

基于以上论述，作者提出如下假设。

假设 H4a： 相对于受到来自声誉较低的证券机构的分析师关注的企业，CSR 活动的深度差异性与分析师荐股评级及企业的市场价值之间的正向关系在那些受到来自声誉较高的证券机构的分析师关注的企业中更强。

（2）企业盈余压力的调节作用。 如前所述，作者在论述 CSR 活动的深度差异性与分析师荐股评级之间的关系时还设定了一个潜在假设：分析师都会欣赏企业的 CSR 差异化战略。这一点在现实中不必然成立。作者从企业财务绩效方面提出了一个可能影响分析师对 CSR 活动评价的因素：企业盈余压力。显然，对盈余压力小的企业而言，分析师更加赞赏企业的 CSR 差异化战略。这一逻辑关系如图 9-7 所示。

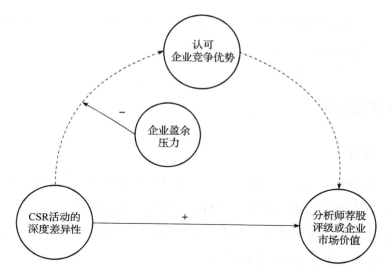

图 9-7　CSR 活动的深度差异性与市场反应间关系的调节因素：企业盈余压力

　　CSR 活动的深度差异性→认可企业竞争优势逻辑链条上的潜在假设：企业盈余压力。尽管分析师越来越将企业社会责任表现整合到对企业价值的评估过程中，但作为市场中介，他们仍然看重企业的财务绩效。如果一个企业无法向外界展示其盈利能力，那么在 CSR 活动上的创新性及差异性就无效，并且还可能得到利益相关者的负面评价。因此，在财务绩效不景气的情况下，分析师不太可能赞赏企业为 CSR 活动差异化所做出的努力。对盈余压力大的企业而言，由于企业无法有效通过 CSR 差异化战略得到利益相关者的认可，那么也就难以据此形成竞争优势，自然也就不能得到分析师、投资者的积极反应。

　　基于以上论述，作者提出如下假设。

　　假设 H4b：相对于盈余压力较大的企业，CSR 活动的深度差异性跟分析师荐股评级及企业的市场价值之间的正向关系在盈余压力小的企业中更强。

　　【点评】这里作者通过放松主关系上存在的两个潜在假设（分析师有能力鉴别 CSR 的差异化战略和分析师欣赏企业的 CSR 差异化战略）而分别引入两个调节因素：分析师的业务能力和企业的盈余压力，从而构成一个完整的逻辑体系。虽然我们仅仅看这两个调节变量可能不能马上想到为何是这两个调节变量而不是其他的调节变量，但是从理论机制的潜在假设角度入手，就能明白这样选择的合理性。这也提示我们在构建调节关系假设时，重点是要从理论的潜在假设入手来选择调节因素，这样才能在解释调节效应时与主关系的解释机制保持在一个逻辑框架内，以起到增强理论解释力的作用。

9.3 研究设计

1. 样本选择

该研究以 2008 ~ 2014 年发布了 CSR 报告的中国上市企业为研究样本。中国上市企业 CSR 信息从国泰安数据库获得，分析师推荐及报道的相关信息来自中国上市企业证券分析师预测研究数据库，其他公司层面的财务数据也来自国泰安数据库。最终样本包含了 3 230 个观察值。

2. 因变量

分析师报道：当年对该企业进行报道的分析师数量与对企业所在行业进行报道的分析师总数的比值。如果一位分析师在 t 年发布过关于这家企业的年度预测报告，那么就认为分析师报道过这家企业。

分析师推荐评级：以分析师对企业推荐评级的均值来衡量。这里就分析师荐股等级按五分制打分，1 表示"强烈推荐买入"，5 代表"卖出"。作者采取逆向计分以保证分值越大，分析师推荐的级别越高。

市场价值：以托宾 Q（Tobin's Q）来衡量每家公司的市场价值。

3. 自变量

该研究的自变量为 CSR 活动的广度合规性与深度差异性。首先，按照国泰安数据库中关于利益相关者维度的划分，将每份 CSR 报告划分为股东保护、债权人保护、员工保护、供应商保护、客户保护、环境保护、公共关系、企业社会责任能力建设（制度建设）、安全生产和缺陷等九个议题。然后，运用内容分析法，依据以上九个议题维度对每份报告进行分析、打分，如果报告中披露了相关议题，打分为 1，否则为 0。为了区分各个 CSR 议题的重要性程度，依照结构网络方法，计算出每个议题的网络中心度，以此衡量不同 CSR 议题的重要程度。

CSR 活动的广度合规性：每份 CSR 报告中九个议题的得分汇总乘以每个议题的网络中心度，该值越大，说明 CSR 活动的广度合规性水平越高。计算公式如下：

$$\text{scope conformity}_t = \sum_{i=1}^{9} \text{CEN}_{i\,(t-1)}\,\text{CSR}_{it}$$

式中：$\text{CEN}_{i(t-1)}$ 表示议题 i 在（$t-1$）年的网络中心度，CSR_{it} 表示议题 i 在 t 年 CSR 报告中是否披露。

CSR 活动的深度差异性：是指企业社会责任实践模式偏离同行业其他企业共同模式的程度。作者构造了一个连续变量来刻画每个企业在不同 CSR 议题维度上的重视程度。CSR 活动的深度差异性为每个企业每个 CSR 议题维度的深度跟行业平均数的差值。其计算公式如下：

$$\text{emphasis differentiation}_t = \sum_{i=1}^{9} |\text{AE}_{it} - \text{FE}_{it}|\,\text{CEN}_{i\,(t-1)}$$

式中：AE_{it} 是 CSR 议题 i 在 t 年的平均数，FE_{it} 是企业议题 i 在 t 年的深度，$\text{CEN}_{i\,(t-1)}$ 表示议题 i 在（$t-1$）年的网络中心度。

国有产权性质：按照企业的终极控制人划分，如果企业的终极控制人为政府，则取值为 1，否则取值为 0。

企业可见度：用企业的广告强度进行衡量，以管理费用与销售收入的比值来计算。

高声誉证券机构：用报道某企业的明星证券机构的数量与报道该企业的证券机构总数的比值来衡量。如果某家证券机构有至少一个分析师团队在当年被《新财富》杂志评选为最佳分析师，那么就认定这家证券机构为明星证券机构。

盈余压力：用分析师对企业盈利的预测值与当年企业实际盈利之间的差值来衡量，差值越大，表示企业面临的盈余压力越大。

4. 控制变量

该研究在现有研究的基础上，控制了一系列影响分析师报道的因素，包括 CEO 权利、CEO 学历、CEO 海外教育经历、CEO 党员身份、独董比例、管理层持股比例、产权集中度等。在公司特征方面，该研究控制了上市年限、企业规模、资产收益率、资产负债率等指标。

5. 研究方法

该研究使用固定效应回归模型来控制时间不变因素的干扰。为了检验固定效应模型的适用性，该研究还进行了豪斯曼检验（Hausman test），检验的结果支持了选择固定效应模型是恰当的。

9.4   研究结果

实证研究结果表明：CSR 活动的广度合规性与证券分析师报道量显著正相关；CSR 活动的深度差异性与证券分析师荐股评级及企业市场价值显著正相关。

此外，国有产权性质与企业知名度强化了 CSR 活动的广度合规性与分析师报道量之间的正向关系；来自高声誉证券机构的分析师对于 CSR 活动的深度差异性展示的竞争优势具有更强的解读能力，因而强化了 CSR 活动的深度差异化和证券分析师荐股评级及市场价值之间的正相关关系；盈余压力削弱了证券分析师对于 CSR 活动的深度差异性的认可，因而弱化了 CSR 活动的深度差异性与分析师荐股评级和市场价值之间的正相关关系。综上，该文的核心思想得到了实证检验，即 CSR 活动的广度合规性可以帮助企业提升合法性水平，CSR 活动的深度差异性可以提升企业的竞争优势。

9.5   该研究的局限性

作者指出该研究存在以下几点不足。第一，考察 CSR 活动的差异性不仅应该考虑不同社会责任议题下涉及活动的数量，还应该考虑每个活动的差异性。然而，该研究只搜集到每个社会责任议题下包含的活动数量数据，而没有关于每个活动的专门信息。未来的研究应该制定更全面的测量方式，以充分了解每个企业社会责任领域具体活动的质量差异。第二，企业需要时间逐渐积累经验来平衡 CSR 活动的广度与深度，证券分析师要将 CSR 信息整合到荐股决策当中也需要时间。然而，受制于数据可获得性，作者无法分析这个问题。未来的研究可以检验企业社会责任合规性和差异性是否会随着时间的变化而变化，并且分析师对 CSR 活动的反应是否也会随时间的变化而发生变化。

9.6   对该研究的思考

该研究创新性地将 CSR 概念细分为两个维度：CSR 活动的广度与深度。基于最优区分理论，作者研究了 CSR 两个维度对分析师关注与荐股行为的影响

（汇总如图 9-8 所示）。实际上，不同企业在 CSR 活动的广度与深度上存在显著差异，就同一 CSR 议题而言，不同企业的议题深度也存在较大差异，现有研究却忽略了这一点。为了对 CSR 活动议题的广度与深度进行测量，该研究应用了网络方法，通过文本分析技术对 CSR 的广度与深度进行量化，为开展企业社会责任研究提供了新的研究视角和工具。

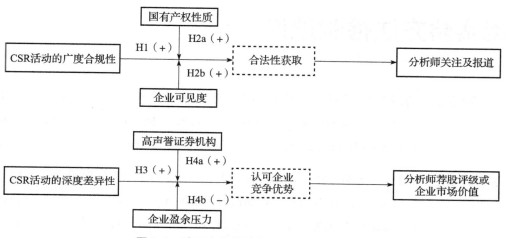

图 9-8　该研究假设的解释机制和逻辑关系

正如《管理研究的思维方式》一书 7.2 节所指出的，在研究过程中，由于我们没有办法直接去检验概念层面的关系，而需要对概念进行操作化处理，把概念转换成可以测量的变量。这样，我们如果想检验假设，即检验概念层面的关系是否成立，实际上就转化为检验变量之间的关系，即结合数据分析检验变量间的关系进而推断所提的假设是否成立。在这个将概念转化为可操作的变量的过程中，特别重要的是必须保证概念的含义与对概念操作化后定义的变量是等价的。该研究就很好地做到了这一点。这也说明我们在研究中如果想做出创新，一方面可以通过深入思考将已有概念进行细分（见第 3 章剖析的文献），另一方面也需要自主开发恰当的操作化方法从而有效地对新概念进行测量。该研究不仅在理论构建上有很大难度，在概念操作上也面临非常大的挑战，故而研究者需要具备很好的理论功底和研究能力才能完成这样高水平的研究。

第 10 章

用实验方法检验理论

【文章题目】《通过在线视频宣布财务重述：对投资决策的影响和信任的中介作用》（"Using Online Video to Announce a Restatement: Influence on Investment Decisions and the Mediating Role of Trust"）

【文章作者】 布鲁克·埃利奥特（W. Brooke Elliott），伊利诺伊大学厄巴纳－香槟分校（University of Illinois at Urbana-Champaign）；弗兰克·霍奇（Frank D. Hodge），华盛顿大学（University of Washington）；丽莎·塞多（Lisa M. Sedor），德保罗大学（DePaul University）

【文章来源】 *Accounting Review*，2012，87（2）：513-535（UTD24）

【文章概要】 一直以来，当公司需要财务重述时，大多发布基于文本形式的公告来解释重述的原因，希望能尽量减少投资者的负面反应，但公司逐渐也开始使用在线视频形式来发布此类公告。研究发现，当 CEO 将重述归为内部原因而承担责任时，通过在线视频查看公告的投资者比通过文本形式查看公告的投资者的投资意愿更大。相比之下，当 CEO 将重述归为外部原因而否认有责任时，通过在线视频查看公告的投资者比通过文本形式查看公告的投资者的投资意愿更小。研究结果还表明，投资者信任在这一关系中起中介作用。鉴于重述事件发生后对企业和投资者造成的显著影响，越来越多的企业意识到通过视频形式发布公告的重要性，该研究的结果具有理论贡献和实践意义。

10.1　研究背景

1. 写给谁看

对于财务重述、会计信息披露以及投资者决策有相关研究的学者对本研究感兴趣。

本研究考虑高管归因方式和重述公告发布形式的交互作用对投资者投资意愿的影响，并研究公司是否可以通过管理投资者对公司的信任来影响其投资意愿。作者关注"重述"这一情境主要基于以下两个原因。首先，重述事件发生绝非偶然，据 Stuart（2010）统计，2009 年就有 630 家（美国）公司提交了 674 份重述报告。其次，重述作为企业的重大经济事件，将造成诸多不利后果，除导致市值缩水、处罚加剧、资本成本增加、诉讼风险升高和对高管留任带来负面影响等直接后果外，还将导致投资者对公司和管理层的心理预期产生偏差，损害投资者对公司管理和财务信息的信任。

【点评】 该研究从公司宣布重述的方式和高管归因出发，研究高管是否可以通过管理投资者信任，从而影响其投资决策，目的在于回答影响投资者决策的前因的问题。

2. 我们知道什么

企业当然能够意识到重述作为负面事件可能带来的不利影响，因此，通过文本形式提供关于重述原因（归因）的解释已经成为多年来的信息披露规范，但是公司逐渐开始探索如何通过其他方式解释此类重大的负面经济事件，以给投资者带来更少的负面影响。

基于此，学者们开始关注在线视频披露方式对投资者的影响。首先，呈现方式较为直接的视频可为信息接收者提供大量的感官信息。其次，视频提供的直接感官体验可以吸引信息接收者的注意力，并激发、放大个体情感，提高其对信息发出者个体存在和特征的认识，从而影响信息接收者的信息处理能力。

【点评】 该研究通过强调"重述"这一研究情境的必要性和在线视频信息披露形式的可行性，引出下文的研究问题。但是这部分的文献支撑稍显薄弱，尤其是缺少关于高管归因的文献回顾，因此在引出研究问题时略显仓促，说服力不够强。

如果能有更翔实的文献回顾，指出现有文献没有办法解释该研究关注的问题，那么研究缺口会更明确。

3. 我们不知道什么

正如前文所述，重述由于改变了投资者预期，可能损害投资者信任。研究表明，信任一旦受到损害，就很难修复。因此，公司发生重述后如何将这一负面影响降到最低是管理层需要思考的关键问题。尽管公司和学者们均希望可以在这个问题上有所突破，即通过实施有效措施限制财务重述对投资者信任的损害，然而，当前很少有研究考察企业如何有效管理投资者信任。与文本披露形式相比，使用在线视频披露方式来披露重述的原因（管理层归因）是否比文本披露形式能更有效地维护投资者对公司的信任，这是该研究关注的问题。

4. 这会有何影响

信息披露向来是会计领域的核心话题，而该研究则考察信息披露的形式如何影响投资者决策，这是既具有理论价值又具有现实意义的新问题。当前，学者和管理者还不清楚信息披露方式为何及如何影响投资者决策，这样，在选择何种信息披露方式时管理者也就不能做出最佳选择。

【点评】现有研究仅停留在表面，并没有打开影响投资者投资意愿的中间机制的黑箱，到底公司的重述方式是如何影响投资者的个体感知，进而影响个体投资意愿的，当前研究尚显匮乏，并且当前研究关注公司一贯的文本披露形式而不足以解释信息披露方式的选择是否会对投资者决策产生影响。参考《管理研究的思维方式》一书 10.1 节的内容，该研究旨在解开信息披露方式如何影响投资者投资意愿的中间机制。

5. 如何解决这一问题

要分析信息披露方式如何影响投资者投资意愿的中间机制问题，就需判断公司披露财务重述信息的方式和管理层归因对投资者信任有何交互影响。该研究通过一项实验研究验证以上问题。实验以被试承担投资顾问的角色开展，作者操纵了财务重述信息披露方式（视频披露方式 vs. 文本披露方式）和管理层归因（内部归因 vs. 外部归因）而设计了四种实验场景。在参与实验后，被试需做出投资决策，回答一系列与信任相关的问题，并完成实验后测问卷。作者预计，当 CEO 道歉并承担（不承担）重述责任时，以及当重述通过视频而不是通过文本在网上宣布时，重述后投资者的信任和投资者的投资意愿会更正面（更负面）。

【点评】分析这一问题是很难在现实情景中开展的，毕竟我们无法直接获得有关投资者信任的数据，以及恰好有公司会在重述时采用不同的披露方式并且还做不同的归因。这样也就体现了实验研究方法的价值。参考《管理研究的思维方式》一书 7.5 节（数据收集方法的比较和选择）的内容，当传统的二手数据法难以满足研究需求时，研究者可考虑能否通过实验室实验来开展研究。实验室实验在虚拟的研究情景下开展，研究者可对自变量进行操控（manipulation）。在实验情景中，如果自变量 A 的变化引起了因变量 B 的变化，就可以认为 A 和 B 之间存在因果关系。在实验室环境下开展的研究内部有效性也是最高的，这是实验研究最大的优势。

6. 贡献在哪儿

该研究的贡献主要体现在以下几个方面。

（1）研究在线视频披露方式是否影响投资者投资意愿。该研究首次分析在线视频形式披露财务重述信息是否对投资者投资意愿产生影响。

（2）拓展了现有针对投资者决策的研究。已有学者研究了财务报告中的语言使用、电话会议中的声音线索和财经新闻的生动性对投资者决策的影响。该研究则将此类研究往前推了一步，研究以在线视频形式发布重述信息会如何影响投资者对公司的看法和反应。

（3）该研究也为管理者选择恰当的信息披露形式提供实践指导。只有当高管对重述进行内部归因，承担责任时（如道歉），通过视频在线宣布重述信息才可能使公司受益；当高管对重述进行外部归因而否认自身的管理责任时，通过视频在线宣布重述信息可能会对投资者产生意想不到的负面影响。

10.2 理论构建

1. 概念模型与研究假设

该研究共提出三个假设，理论框架如图 10-1 所示。

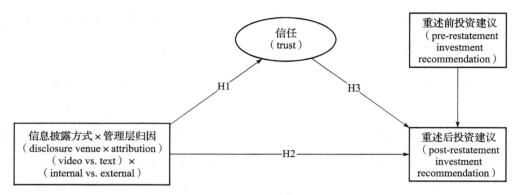

图 10-1　理论框架

该研究提出的假设如下。

（1）H1：当高管对重述进行内部（外部）归因，并通过视频而不是文本宣布重述时，投资者的信任会更高（更低）。

（2）H2：当高管对重述进行内部（外部）归因，并通过视频而不是文本宣布重述时，投资者会对公司投资更多（更少）。

（3）H3：投资者信任中介归因和披露渠道对投资决策有影响。

2. 宣布重述：内部归因与外部归因的不同影响

由于三个假设均涉及内部归因和外部归因，因此在解释各个假设的逻辑前先在此将两种归因的不同影响做一说明。

（美国）证券法将披露重述信息及其对财务报表的影响规定为管理层应履行的义务。公司在发布财务重述信息时，通常会找"借口"解释重述的原因。虽然"借口"本身可能是真的原因，但通常情况下，不对失败承担责任的人（即通过责备他人来为自己的行为开脱）比承担失败责任的人更容易被认为品行不端。而对他人品行的认可恰好是信任的重要组成部分，这种信任一旦消失将很难修复。因此，在财务重述中，通过内部归因承担责任比通过外部归因否认责任更能维护投资者信任。在该研究的研究情景下，投资者对公司高管重述内容的相信程度还将受到其重述方式的影响。

3. 假设 H1 的解释机制：内部归因、在线视频的信息披露方式与投资者信任

作者在论述假设 H1 的逻辑时，首先给出了信任的定义和产生过程，随后结合该研究的研究情景就信任损害展开论述。该研究将信任定义为一种心理状态，即一个人会对他人意图或行为产生积极期望，从而使自己处于容易被他人伤害的状态（Rousseau 等，1998）。个体对他人的积极期望为信任的产生提供了基础。信任感会随着时间和事件的发展，因个体的积极期望不断被证实而慢慢累积；而当他人的行为与自己的积极预期不一致时，如违反当初的约定和规则，或滥用权力等产生一些负面行为时，信任就受到损害。

　　财务重述不符合投资者对被投资公司及其管理层的积极预期，因此损害了投资者的信任。信任被损害会导致个体去猜测、评估违反者到底为什么要这么做。在这种情况下，公司就需要解释财务重述的原因。显然，不同的解释方式带来的影响不同，高管发布重述公告的形式无疑会影响高管和公司被投资者信任的程度。

　　具体来说，高管在重述时使用视频与文本作为披露方式将对投资者产生不同的影响效果。视频披露方式相较文本披露方式有比较明显的优势。其一，视频形式的信息传播可为信息接收者提供大量的感官信息。同时，视频也可提高信息接收者对沟通者客观存在和个人特征的认识而增强对信息的信任程度。其二，视频可达到吸引注意力的目的，并引发信息接收者的情感。视频内容引发的情感可对信息接收者的信息处理、判断产生重大影响。因此，当重述以视频的方式发布时，投资者将产生更直观的感官体验，注意力被吸引，因而更容易产生受强烈情感驱动的判断，即更加同情和接受高管的道歉而维持信任，但更加反感和反对高管推卸责任而损害信任。故而，作者提出如下假设。

　　假设 H1：当高管对重述进行内部（外部）归因，并通过视频而不是文本宣布重述时，投资者的信任会更高（更低）。

　　假设 H2：当高管对重述进行内部（外部）归因，并通过视频而不是文本宣布重述时，投资者会对公司投资更多（更少）。

　　【点评】原文中三个假设的逻辑解释糅杂在一起，并未分开解释各个假设的内在逻辑，这对读者的理解造成了一定困难，或许并非最恰当的行文方式。当然，作者可能认为通过视频方式发布内部归因的财务重述自然会增加投资者投资而无须过多解释。若各部分假设可分开论述，其逻辑结构将更为清晰、易读。

4. 对主假设逻辑链条上中介机制的讨论

　　前文已经论述过中介机制发挥作用的前一环：考虑归因和公告形式的交互影响，当高管通过内部归因为重述道歉并承担责任时，通过视频发布的公告比通过文本发布的公告更能增强投资者对管理层的信任。相比之下，当高管通过对重述进行外部归因并否认责任时，通过视频发布公告时投资者对管理层的信任会低于通过文本发布相同公告时的信任。

接下来作者讨论了中介机制发挥作用的后一环：对投资者来说，投资者需评估投资风险，并在高度复杂和不确定的环境中做出决策。信任可以起到降低交易成本和促进决策的作用。例如，天使投资者会基于对管理层的信任选择是否进行投资。在该研究的研究情景下，信任在投资者决策过程中发挥着重要作用。

基于以上论述，作者提出如下假设：

假设 H3：投资者信任中介归因和披露渠道对投资决策有影响。

【**点评**】正如《管理研究的思维方式》一书 6.4 节所述，在论述中介变量的作用时，需要分别讨论中介关系的前半部分和后半部分的影响，这样，从前往后进行逻辑推导，逻辑链条才能完整。另外，一般利用二手数据是很难直接验证中介关系的，而该研究却提出中介假设，这在会计类文献中并不常见。之所以如此，是因为作者选择实验研究方法，这就为验证中介关系提供了可能，毕竟在实验室环境中，研究者可以测量中介因素的变化水平，如这里的投资者信任水平，从而能直接验证中介关系是否成立。

10.3 研究方法

该研究以实验研究的方法开展，采用了 2（归因：内部归因 vs. 外部归因）× 2（披露方式：视频 vs. 文本）的实验设计。作者通过设定 CEO 重述的不同方式操纵归因：让 CEO 要么对重述的错误进行内部归因来承担责任，要么进行外部归因来否认责任；除此之外，作者通过设计以在线视频或文本方式提供 CEO 的重述公告来操纵信息披露方式。

1. 实验被试

被试为 80 名职业经理人，平均拥有大约 9 年的工作经验，他们均是一所大型州立大学 MBA 项目的学员。实验中，随机分配被试到各实验组，让被试在相同的条件下在线完成实验。

【点评】根据《管理研究的思维方式》一书 9.2 节的内容，在应用实验室环境进行实验研究时，需严格遵守随机原则，不仅在选取被试时要随机，还应保证随机地把所有被试分配到各个组别，并且使得所有被试能在同一环境下做实验，以此控制无关变量的影响。这一点该研究做得比较好。另外，现在很多实验喜欢招募学生作为被试，这样做是否合适取决于研究问题。例如，该研究关注的是投资者决策，如果招募在校生做实验，则不一定合适，因为这些学生可能因没有投资经验而无法扮演投资者的角色。故而作者招募的是 MBA 学员，这些学生则有很长时间的工作经验，通常做过投资决策，所以更适合该研究需要。在招募实验被试时要特别注意这一点。

2. 实验程序

该研究的实验流程分为四步。

第一步：被试在正式参与实验前需查看实验材料。在实验材料中，将指定被试担任大型共同基金的投资顾问，告知他们负责监控、评估基金投资组合中的一家公司（Armano），并向基金经理提出投资建议。材料中同样阐述了 Armano 的公司背景：该公司为一家国际糖果制造商和零售运营商。随后，告知被试可在规定的时间范围里查看关于 Armano 的财务和非财务信息，用来做出关于基金公司应该增持还是减持该公司股票的投资建议。

第二步：前测。被试在看完实验材料后，被告知需准备一份初步投资建议，以供高级投资顾问审查。实验组织者要求被试回答"建议减持还是增持目前在该公司的 10 万股投资"，以及回答一个更一般性的问题——"建议将该基金目前在该公司的 10 万股投资调整到多少股"。随后，被试要就" Armano 将继续满足分析师对未来收入、收益的增长预期"的信心，从 0（完全不自信）到 10（非常自信）进行打分，并被要求列出 1 ~ 3 个支持其投资建议的关键因素。

【点评】为对实验刺激（treatment）施加前后进行对比（这里是披露财务重述信息），一般需要进行实验的前测（pre-test），这也是实验设计的标准模式。

第三步：实验操纵。在给出初步建议之后，被试查看了 Armano 的 CEO 的财务重述公告。

（1）归因操纵。在 CEO 道歉并通过内部归因承担责任的情况下，以"我们对这一错误负有全部责任，因为我们在编制财务报表时依赖了内部专家的建议"这样的文字内容来呈现，或者当 CEO 通过外部归因否认责任时，以"我们对这一错误不负责任，因为我们在编制财务报表时依赖外部专家的建议"这样的文字内容来呈现。

（2）披露方式操纵。作者在设计实验时，聘请了一家专业公司来制作视频，并聘请了一名经验丰富的演员（前新闻播音员）来扮演 Armano 公司的 CEO。在视频中，CEO 口头表述的内容与文本公告一致，并且视频中提供的所有其他视觉和听觉信息不变。

第四步：后测。首先，实验组织者要求被试提交给基金经理一份最终投资建议。其次，被试还需回答一系列衡量信任水平的问题。再次，需通过简短的记忆测试完成操纵检验，以查看操纵是否成功（要求被试回答 Armano 公司 CEO 所说的对会计错误负责的一方：是"Armano 的内部专家"还是"Armano 的外部专家"；要求被试回答 Armano 是通过"视频"还是"文本"重述，并回答 Armano 重述的原因）。最后，填写个人信息（不涉及个人隐私）。

10.4   研究结果

公司在宣布重大负面事件（如重述）时，如何管理投资者的反应是许多上市公司面临的一项艰巨挑战。本文研究了以在线视频宣布重述并通过内部归因承担重述责任还是通过外部归因否认责任对投资者投资意愿的影响，以及信任在其中发挥的中介作用。该研究采用实验法进行分析。

具体来说，当 CEO 道歉并通过对重述进行内部归因来承担责任，且通过视频进行重述时，实验被试更信任 CEO，他们建议对公司进行更大的投资。当 CEO 通过对重述进行外部归因来否认责任，并通过视频发布重述公告时，被试对 CEO 的信任更低，他们建议对公司进行更少的投资。

10.5   该研究的局限性

文献的最后，作者对研究的局限性做了讨论，并指出未来可进一步研究的方向。该研究的研究结果是在重述这一具体研究情景下开展的，重述是一项负面财务事件，因此，若想增强结论的普适性，就需要检验该研究结果能否适用于其他类型的负面事件，这需要未来进一步研究。

信任的发展是一个依赖过去已发生事件的累积过程，已经有研究证实了基于信任，个体将对他人动机、意图和行为产生积极预期。在本实验中，研究者向被试事先发布了多份新闻稿，并向他们提供信息表示公司 CEO 曾表示能满足分析师盈利预期。但是，研究结果可能不能延伸到对公司或公司的管理层事先一无所知的潜在投资者身上。

10.6　对该研究的思考

通过对该研究的逻辑链条、解释机制和实验研究的分析，可以获得以下思考总结。

（1）在做研究设计的过程中，是选择实证分析（一手数据或二手数据）还是选择实验方法，取决于研究的需要。该研究的研究情景中涉及信任这一关键中介因素，但通过观察现实去收集数据直接验证这一中介机制较困难，那么引入实验法通过人为操纵实验环境便可以解决很难从现实环境中获取数据从而导致研究可能开展不下去的问题，以此直接验证中间机制是否成立，在更大程度上提高理论的可靠性。

在实验室环境中，研究者将干预数据收集过程。在本实验中，作者人为操纵了自变量即重述归因和信息披露方式，来观察由此引发的因变量即投资者投资意愿是否有变化，同时控制了其他影响因素，如在视频披露方式中控制了视频中传达的内容信息与文本公告一致，以及视频中提供的所有其他视觉和听觉信息不变。因此，若自变量变化引起了因变量变化，就可以认为二者之间有令人信服的因果关系，从而保证研究所得结论具有最高的内部有效性。

实际上，采用实验法开展研究是该研究最大的亮点，但是相应也带来了一些局限性。根据《管理研究的思维方式》一书 8.3 节和 10.2 节的内容，实验室环境下其他影响因变量的因素依实验设计可完全控制，从而保证了最高的内部有效性和令人信服的因果关系，但是由于数据生成过程受到强烈干预，实验室环境偏离现实环境的程度较大，导致不能将实验结论推广到现实情景中，从而无法保障研究结论的外部有效性，这也是实验研究的一个弊端。

（2）在用实验方法检验理论时，通常也有一套应该遵循的流程，如图 10-2 所示。

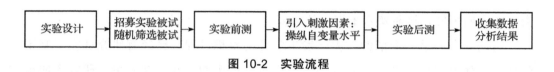

图 10-2   实验流程

需要注意以下几点：首先，需保证实验被试随机招募并随机分组；其次，实验前测和实验后测方法要完全一致，以保证前后结果的差异完全来自对自变量的操纵；最后，研究者不能告知被试实验目的，在实验设计上也要确保被试不会根据实验过程揣摩出实验目的而影响被试决策。

（3）在构建理论框架时，通常关注如何解释 A 对 B 的影响。对于同一个假设关系，对应的逻辑解释可能不止一种。为增强解释机制的可靠性，既可以通过放松潜在假设，在理论框架中引入情景因素（调节变量）检验调节关系是否成立，也可以直接验证 A 如何影响 B 的中间机制，如检验中介 C 的作用是否存在。这两种构建理论的思路都可以提高理论的可靠性。

在该研究中，作者选择直接验证中介机制，而并未通过放松逻辑链条的潜在假设来引入调节变量。根据《管理研究的思维方式》一书 6.4 节的内容，也可以考虑在研究框架中同时加入中介和调节变量。例如，考虑调节效应发生在归因、披露方式对信任的影响这一环节上（逻辑链条的前一环），即构建被调节的中介关系模型；或者考虑调节效应发生在信任对投资者投资意愿的影响这一环节上（逻辑链条的后一环），即构建被中介的调节关系模型。

综上，做研究还是需要根据自身的研究需要选择采用实证方法还是实验方法开展。当前的研究绝大部分为实证研究，因此，学会运用实验方法是开展学术研究要努力追求的目标，尤其是学会"实证＋实验"的方法以实现内部有效性和外部有效性的互补，这对提高学术研究的质量非常有帮助。

第 11 章

基于微观机制的理论构建

【文章题目】 《高管言语沟通对投资者意见一致性的影响》(" The Impact of Executive Verbal Communication on the Convergence of Investors' Opinions")

【文章作者】 郭薇(Wei Guo),中欧国际工商学院(China Europe International Business School);梅廷·森古尔(Metin Sengul),波士顿学院(Boston College);于铁英(Tieying Yu),波士顿学院(Boston College)

【文章来源】 *Academy of Management Journal*(UTD24),Published Online: 19 Aug 2020 https://doi.org/10.5465/amj.2019.0711

【文章概要】 该研究主要研究高管言语沟通对投资者意见趋同的影响,即高管言语沟通会使得投资者之间对公司的估值差异降低。基于企业传播、意义给赋相关领域的文献,作者认为,高管言语沟通不仅会影响新信息的披露,而且会影响所传达信息的可理解性和可信度,从而使得投资者的意见趋同。因此,作者假设,高管言语沟通的内容新颖性、结构简洁性和表达脱稿程度都与投资者意见趋同正相关。作者还认为,当投资者对信息有更强烈的需求时,高管沟通对投资者意见趋同的影响将被放大,对于那些盈利不确定性更高的公司便是如此。该研究利用独特的研究设计,依据 2002 ~ 2012 年 847 家上市公司的 10 415 次电话会议的逐秒盘中股票交易数据进行实证分析,实证结果为该研究的假设提供了有力支持。

【点评】广义而言，言语沟通包括口语沟通和书面沟通。言语沟通主要是指利用具体语句进行的交流，与之相对应的是非言语沟通，如通过一些手势、动作、面部表情或其他方式进行的交流。但在该研究中，作者重新对言语沟通进行界定，将其范围限制于仅对口语沟通进行研究，且从内容、结构、表达方式三个维度将其细化。

11.1 研究背景

1. 写给谁看

本文写给关注高管特征、高管行为、投资者估值等相关领域的学者，以及对公司印象管理感兴趣的企业高管。

【点评】一项研究首先要明确其与已有研究的关系。作者在文献综述前，明确指出该研究的研究领域属战略管理领域，主要回答高管特征与投资者对公司估值之间关系的问题。

2. 我们知道什么

首先，作者对高管沟通这一核心概念进行论述。在将高管沟通与投资者决策联系起来的研究中，早期的研究主要关注高管书面沟通，如研究 CEO 写给股东的信如何影响投资者决策。直到最近，学者们才开始密切关注高管的言语沟通，如研究业绩电话会议和战略演示等对投资者决策的影响（例如，Shi、Zhang 和 Hoskisson，2019；Whittington 等，2016）。关于高管言语沟通的文献可以从内容、结构和表达方式三个方面进行总结。

高管言语沟通的内容（content）是指与听众分享的信息。根据公司信息披露相关文献，高管沟通中信息内容的多少决定了投资者被告知的程度。高管言语沟通的结构（composition）是指用于表达信息的语言类型（即词语和表达方式）。越来越多的证据表明，即使是内容几乎相同的信息，也会因使用的语言类型不同而产生截然不同的影响。高管言语沟通的表达方式（delivery）是指信息的呈现形式。好的表达方式是自然的和有互动的，研究人员通过文本分析（不需要任何音频数据）研究语言表达的作用。

【点评】作者首先根据以往文献构建出自己的理论框架，从高管言语沟通（该研究自变量）的内容、结构和表达方式三个方面进行论述，开篇结构清晰明了。

文献综述也为后文作者提出内容新颖性、结构简洁性和表达脱稿程度这三个核心概念提供了理论依据，同时指出了高管言语沟通在很大程度上影响投资者决策，这也阐述了该研究的研究目的。

其次，作者又对投资者意见趋同这一重要概念进行论述。以往文献主要关注信息的数量和质量，披露信息数量增加会减少投资者间的信息差异，信息的质量（可理解性和可信度）会帮助投资者更好地理解公司状况，从而导致投资者间对公司估值的差异也会相应减少。当企业披露信息数量增加时，投资者间的信息差异会减少，投资者对企业的评价更趋于企业价值本身，投资者之间的意见分歧减少。

也有部分学者提出，可以通过意义给赋活动（sense-giving）调整投资者对企业价值的理解，从而减少投资者间的意见分歧。意义给赋是人们为他们的讲话赋予意义（Polanyi，1967），以试图影响他人对某一问题的理解（Maitlis，2005），并将他人注意力集中在特定组织活动上的过程（Petkova 等，2012）。高管沟通作为一种意义给赋活动，主要是通过调整信息的可理解性和可信度这两种属性，帮助利益相关者在模糊情况下对组织状况有更明确的理解。

信息的可理解性与理解的容易程度有关，信息的可信性是受众相信公司的信息的程度。当所传达的信息难以理解或模棱两可时，对它的不同解释就会成倍增加。与此同时，当高管所提供信息的可信性存在问题时，投资者不太可能接受并达成一致意见。因此，高管言语沟通所传达信息的可理解性和可信度越高，就越能更好地帮助投资者理解企业意图，从而投资者对公司估值的差异也会相应减少。

【点评】作者在文中总结分析了以往研究中影响投资者意见趋同的两大因素，主要是信息数量和信息属性（可理解性、可信度），后文作者构建的理论框架也以此为基准。这说明我们在做文献综述时要围绕自己的研究问题展开，从而为提出研究问题做铺垫。

3. 我们不知道什么

关于投资者意见趋同的实证文献很大程度上局限于研究高管的书面交流，并且没有研究探讨口头交流通过何种机制影响投资者意见趋同。

【点评】作者从现有关于高管沟通方式的研究入手，指出当前研究的空白。这也是一种常见的寻找理论缺口的思路，即在某个领域里面找到还没有研究的问题，从而构成创新。

4. 这会有何影响

高管的言语沟通是投资者获取信息的重要渠道，但是如果不清楚二者之间的作用机制，那么一方面我们并不能完整地了解言语沟通，包括文本沟通和口头沟通在影响投资者决策方面有怎样的差异；另一方面对高管而言其也不清楚到底应该如何进行言语沟通对公司是最有利的。

【点评】作者指出了高管言语沟通会在很大程度上影响投资者决策，基于此指出现有研究的不足，也说明了该研究的意义所在。

5. 如何解决这一问题

许多战略管理领域的学者专注于研究高管的特征和行为如何影响投资者对公司的估值问题。股票价格波动可以反映投资者估值的平均变化，而且在研究一系列公司决策的经济后果时（如兼并和收购、合资或结盟和治理决策），股票价格波动是很好的代理变量。但是如果所关注问题与公司的信息环境和市场对信息传播的反应有关（就像在该研究中一样），选择投资者意见差异的变化进行研究更为合适。当投资者获得的信息更多时，投资者间对公司估值的差异就会减少（更多的信息能帮助投资者更准确地评估公司价值）。但在这种情况下，公司股价可能不会有大幅改变。

另外，正如McCroskey（2001）所指出的，内容、结构和表达方式是言语沟通（verbal communication）的三个基本方面。为了探究言语沟通的这三个基本方面是否会影响投资者的意见趋同，作者将内容、结构和表达方式这三个概念具体化为便于衡量的变量，即内容新颖性、结构简洁性，以及表达脱稿程度（即演讲者不依赖于脚本的程度）。作者选择这三个属性是因为它们会影响高管沟通所传达信息的可理解性和可信度，从而影响投资者意见的差异程度。

作者假设，高管口头沟通的内容的新颖性、结构的简洁性和表达的脱稿程度都与投资者意见趋同正相关。作者探讨了作为可能调控高管言语沟通对投资者意见趋同影响的关键因素即公司盈余不确定性的作用。作者还假设，股票收益的不确定性增加了投资者寻求额外信息的动机和投资者甘愿接受外界信息的意愿，即收益不确定性正向调节高管言语沟通内容的新颖性、结构的简洁性和表达的脱稿程度对投资者意见趋同的积极影响。

　　作者通过 2005 年 1 月 1 日至 2012 年 5 月 31 日在美国三大证券交易所上市的公司召开的业绩电话会议来检验假设。通过使用 10 415 次电话会议问答环节之前、期间和之后的逐秒股票交易数据，作者研究了高管口头沟通对投资者意见趋同的影响，且回归结果和稳健性检验都很好地支持了假设。

　　【点评】 该研究的难点在于对口头表达这一抽象的概念如何进行操作化，也就是概念量化的问题。作者巧妙地通过将口头表达细化为三个概念维度，并据此构建理论和解释机制来说明口头表达的三个维度的特征如何影响投资者的决策。为了提升理论的解释力，作者还放松理论上的潜在假设而引入一个调节变量。这些都是理论构建通常采用的路径。另外，该研究还巧妙地使用股票的高频交易数据来衡量投资者意见趋同水平，这一点也是值得学习的。

6. 贡献在哪儿

　　该研究的主要贡献体现在以下几个方面。

　　（1）论证了高管言语沟通影响投资者意见趋同的潜在作用机制。作者借用 McCroskey（2001）提出的理论，创新性地从内容、结构和表达方式三个方面对言语沟通的特征进行分析，从理论上论证了高管言语沟通影响投资者意见趋同的潜在机制。现阶段对意见趋同的研究大多强调高管言语沟通会为投资者提供更多的信息，减少投资者之间的信息差异，进而使得投资者意见趋同。而该研究的作者提供了一个新的解释，认为在意义给赋的过程中，高管言语沟通会使得所提供的信息更易理解，可信度提高，进而影响投资者意见趋同。

　　（2）该研究从两个方面丰富了意义给赋理论相关研究。根据 Maitlis 和 Christianson（2014）的观点，组织中的意义给赋（sensegiving）通常被认为与意义给赋过程中使用的语言有关联。但是现有文献有两个较为明显的局限性。

　　第一，现有文献中大多数只关注叙述和隐喻作为意义给赋手段的重要性，很少有文献关注语言本身的内容、表达方式或语言的其他特征（如该研究中提到的结构简洁性）的影响，所以作者根据前文提出的理论框架，研究高管言语本身作为意义给赋的媒介，如何从内容、结构、表达方式三个方面影响投资者决策，丰富了意义给赋理论在企业传播领域的应用。

第二，现有研究大多是研究高管如何凭借表达内容赢得外界支持，忽略了高管言语表达本身的信息属性。而作者也向我们说明高管言语表达作为一种认知传递活动，会通过影响利益相关者感知到信息的可理解性和可信度来影响利益相关者决策。

（3）引入更准确的因变量——投资者意见趋同来反映投资者对公司的估值。将投资者意见趋同作为因变量，也为战略管理领域引入一个全新的衡量投资者估值的指标。与股票价格的变化相比，投资者意见差异的变化能更好地描述投资者对企业信息环境的敏感性及他们对企业策略的反应。为了更恰当地衡量投资者意见的趋同性，作者选择使用日内高频交易数据。不同于以往主要依赖每日交易数据的研究，使用日内高频交易数据能更精确地捕捉投资者估值的变化。

【点评】这项研究最主要的贡献是从理论上解释了口头沟通如何影响投资者决策这一问题。作者主要借鉴意义给赋理论，这拓展了这一理论的适用情景。该研究在变量衡量方面所采取的独特方法也是一大亮点。

11.2　理论构建

1. 概念模型与假设研究

该研究提出的假设框架如图 11-1 所示。

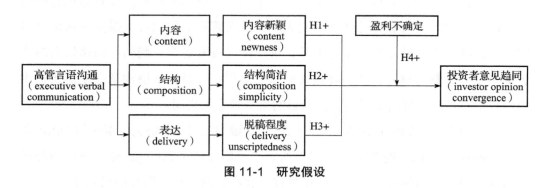

图 11-1　研究假设

作者主要提出了四条假设，具体如下。

（1）H1：高管言语沟通过程中，表达内容的新颖性与投资者意见趋同正相关。

（2）H2：高管言语沟通过程中，表达结构的简洁性与投资者意见趋同正相关。

（3）H3：高管言语沟通过程中，表达时的脱稿程度与投资者意见趋同正相关。

（4）H4：公司盈利不确定性正向调节高管言语沟通内容新颖性、结构简洁性和表达脱稿程度对投资者意见趋同的积极影响。

该研究中，三个主假设是并列的关系，即作者分别从言语沟通的三个维度来提假设，由于其中的内在影响机制并不相同，故而需要分别来构建假设的解释机制。

2. 假设 H1 的解释机制：内容的新颖性与投资者意见趋同

作者解释了逻辑链条上的第一个环节，即说明内容新颖性对投资者获得的信息数量和质量的影响（如图 11-2 所示），其论据如下。

第一，内容新颖增加了有效信息数量，而有效信息数量的增加缩小了不同投资者之间的信息差距，因此，投资者对公司评价的差异程度降低。

第二，内容的新颖性增加了信息的可理解性，因为新颖的信息会吸引投资者的注意力，使得投资者能更好地理解信息。

第三，内容的新颖性提高了信息的可信度。由于信息的完整性与信息的数量呈正相关，且信息的完整性会提高信息的可信度，因此投资者会认为内容越新颖，高管言语沟通的可信度就越高。

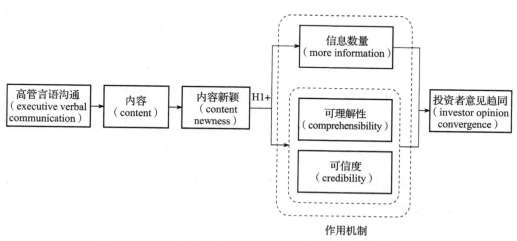

图 11-2　内容的新颖性与投资者意见趋同间关系的影响机制

由于投资者能从高管的言语沟通中获得更多信息并且信息也更为可信，那么自然就削减了投资者之间的信息不对称程度，特别是削减了那些有信息渠道的投资者的信息优势,从而使得投资者都能更为合理地对公司价值进行评估。据此,作者提出如下假设。

假设 H1:高管言语沟通过程中,表达内容的新颖性与投资者意见趋同正相关。

3. 假设 H2 的解释机制:结构的简洁性与投资者意见趋同

在解释结构的简洁性如何影响投资者意见趋同时,作者主要采用信息质量作为中间机制。作者首先解释逻辑链条上的第一个环节(如图 11-3 所示)。首先,高管言语沟通过程中所使用的语句结构越简洁,会让投资者越容易理解和记住其中传递的信息。相比于长难句,简洁的语句结构会降低记忆难度,为受教育程度低的投资者消除理解障碍。其次,简洁的语句结构可以增强可信度且在意义给赋过程中更高效。研究表明,人们更倾向于依靠容易处理的信息来做决定。心理学和市场营销学领域之前的研究也表明,个体倾向于认为容易理解的信息更可靠、更可信。

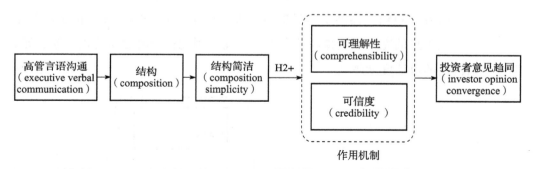

图 11-3 结构的简洁性与投资者意见趋同间关系的影响机制

与论述假设 H1 解释机制逻辑链条上的第二个环节的逻辑一样,如果投资者能获得更高质量的信息,那么就能削减不同类型投资者之间的信息不对称程度,使得投资者所面临的信息环境更为公平,从而提升投资者意见趋同水平。据此,作者提出如下假设。

假设 H2:高管言语沟通过程中,结构的简洁性与投资者意见趋同正相关。

4. 假设 H3 的解释机制:表达的脱稿程度与投资者意见趋同

在论述口头表达的脱稿程度与投资者意见趋同之间的关系时,作者采用信息质量作为中间机制（如图 11-4 所示）。作者首先说明了脱稿程度如何影响投资者感知到的信息质量，即逻辑链条上的第一个环节。

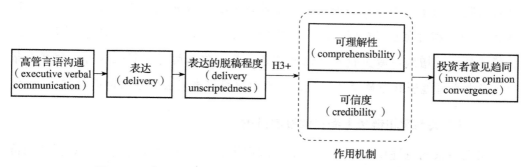

图 11-4　表达的脱稿程度与投资者意见趋同间关系的影响机制

首先，高管言语沟通过程中对脚本依赖程度越低，会让投资者越容易理解其中传递的信息。从语言结构上看，书面语比口语复杂，单词和句子较长，每句话都倾向于传递更详细的信息。与口语相比，受众需要付出更多的认知努力来处理和理解书面语所表达的信息。高管言语沟通过程中对脚本依赖程度越低时，他使用更多的口语内容，从而使受众更容易理解。

其次，无脚本的沟通提高了信息可信度。开放和坦率的沟通会让高管看起来更真实、更可信。与直接阅读公司法律和投资者关系团队准备的脚本相比，对脚本依赖程度低的沟通，可能会给投资者传递一种高管们愿意更加开放和直率地与投资者沟通的印象，因此，投资者更有可能认为这种没有脚本的沟通是可信的。据此，作者提出如下假设。

假设 H3：高管言语沟通过程中，表达时的脱稿程度与投资者意见趋同正相关。

【点评】该研究假设框架的核心就是高管言语沟通会通过影响信息披露数量和质量这两个方面影响投资者意见趋同，所以在探讨假设机制时，也主要从这两个方面展开。

参考《管理研究的思维方式》第 5 章，该研究的核心理论框架就是一个典型的 ABC 中介模型，该模型主要是研究 A 对 B 产生影响并对 A、B 间的内在机制进行探索，一般是通过概念 C 来解释 A、B 间的作用机制。在该研究中，高管言语沟通、投资者意见趋同分别对应模型中的 A 和 B，而信息的数量和质量则对应

C，具体作用机制如下。

高管言语沟通（A）会从内容的新颖性（A1）、结构的简洁性（A2）、表达的脱稿程度（A3）三个方面影响信息披露数量（C1）及沟通过程所传达信息的可理解性（C2）和可信度（C3），从而影响投资者意见的差异程度（B）。具体而言，披露信息数量增加会减少投资者间的信息差异，信息的可理解性和可信度高会帮助投资者更好地理解不确定的情况，从而使得投资者对公司估值的差异相应减少。

5. 对主关系逻辑链条上潜在假设的讨论

在主关系的论述中，作者实际上是假定投资者需要额外的信息来对公司的价值进行判断，也就是说公司高管通过口头沟通所提供的信息对投资者而言是必要的和急需的，从而能在投资者的决策中发挥重要作用（如图 11-5 所示）。但是，这一假设并不是在所有公司都成立。例如，如果公司的信息披露很全面，并且盈利预期很稳定，那么投资者就会认为公司的业绩不确定性很低，也就没有必要去关注管理者的口头沟通。反之，如果投资者感知到目前所掌握的信息不能帮助其对公司价值做出有效评估，并认为公司的未来面临巨大的不确定性，那么就会认为管理者的口头沟通是必要和急需的，从而也能提高管理者口头沟通过程中所传递的信息对投资者决策的影响程度。

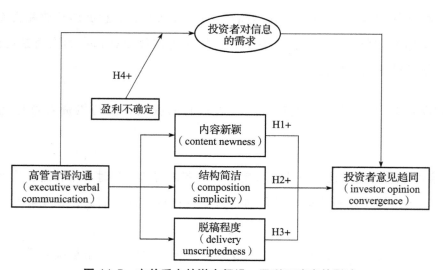

图 11-5　主关系上的潜在假设：盈利不确定的影响

高管言语沟通→投资者对信息的需求逻辑链条上的潜在假设：公司盈利不确定的调节作用。据此，作者通过放松潜在假设，引入公司盈利不确定这一调节因素，并认为这一调节因素作用在主关系解释机制逻辑链条上的第一个环节。对于盈利不确定性高的公司，因为投资者准确评估这些公司并预测它们的未来回报困难度很高，所以投资者对高管口头沟通的信息需求和敏感性都更高。因此，企业的业绩不确定性将强化高管沟通的意义给赋作用，即投资者通过分析高管言语沟通所传递的信息，会认为所接收到的信息数量更大且质量更高而更会影响其投资决策。据此，作者提出如下假设。

假设 H4：公司盈利不确定性正向调节高管言语沟通内容新颖性、结构简洁性和表达脱稿程度对投资者意见趋同的积极影响。

【点评】 作者通过放松主关系解释机制上的潜在假设来构建调节关系假设，这是提高理论解释力的常用路径。当然，作者论述本假设的时候并不是特别充分，如作者这里实际上还假定高管口头沟通的信息是投资者需要的信息，也就是与投资者评估公司价值相关的信息，并且也没有充分说明为何投资者对公司的信息需求越大就一定会认为高管口头沟通所提供的信息量越大、质量越高。原文中，作者在论述这个假设时有些简单。

11.3　研究设计

1. 样本选择

研究样本包括 2005 年 1 月 1 日至 2012 年 5 月 31 日在美国三大证券交易所上市的 847 家上市公司的 10 415 次电话会议记录和逐秒盘中股票交易数据。数据主要来源于五个数据库：交易和报价（TAQ）数据库、证券价格研究中心（CRSP）的历史交易数据、REFINITIV 公司事件报道数据库（前身为 Thomson Reuters StreetEvents 的公司电话会议记录）、Compustat 的年度和季度财务数据、公司季度盈利和分析师预测数据。

2. 研究设计

电话会议有两个不同的阶段，即管理层讨论（MD）和问答环节。电话会议的 MD 部分通常是由高管们进行的不间断的 PowerPoint 演示。作者采用事件研究法，构建了以下事件时间点：①公司发布收益公告的时间（TA）；②市场对公告的反应，捕捉电话会议前一段时间（TC-90 分钟到 TC-15 分钟之间）投资者间意见的差异；③电话会议从 MD（TC）开始；④第一次问答开始（TC + 20 分钟），40 分钟后结束（TC + 60 分钟）；⑤在问答开始（TC + 20 分钟）和电话会议结束后 1 小时（TC + 120 分钟）期间，再次捕捉投资者间意见的差异。具体如图 11-6 所示。

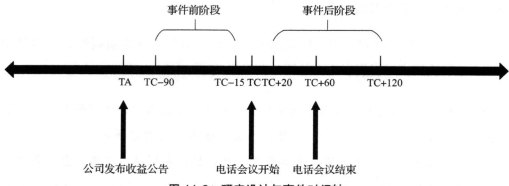

公司发布公告收益之后的时间线，包括了事件前阶段和事件后阶段（单位：分钟）

图 11-6　研究设计与事件时间轴

3. 因变量

投资者意见趋同度（investor opinion convergence）：作者使用 bid-ask 价差来衡量投资者意见差异。为了构造这个变量，作者首先计算事件前（电话会议前）的买卖盘中价差，即用最高卖价和最高买价之间的每秒平均差值，除以这两个价格的平均数：

$$\text{Spread}_{\text{preevent period}} = \sum_{s=1}^{n} \frac{\text{Best ask}_s - \text{Best bid}_s}{\text{Midpoint between ask and bid}_s} \times 100$$

作者计算电话会议期间买卖价差的方法同上：

$$\text{Spread}_{\text{event period}} = \sum_{s=1}^{n} \frac{\text{Best ask}_s - \text{Best bid}_s}{\text{Midpoint between ask and bid}_s} \times 100$$

然后，作者计算这两个时期买卖价的差值，用来衡量投资者意见趋同度。该值越大，说明电话会议期间投资者的买卖价差相对于电话会议前在缩小，故而意见更加趋同。

$$\text{Investor Opinion Convergence} = \text{Spread}_{\text{preevent period}} - \text{Spread}_{\text{event period}}$$

【**点评**】结合研究设计，该研究所给出的因变量测量方法也是合情合理的。实际上，在会计学领域有关用买卖价差来衡量投资者意见分歧的研究很多，而作者则很巧妙地借用到该研究中来，并且构建了投资者意见趋同这个变量。

4. 自变量

（1）内容的新颖性：比较高管在管理层讨论（MD）和问答环节使用实词（content words）的差异。在比较这两个文本文档的内容时，作者考虑了两种类型的相似性：词汇相似性（使用共同的单词）和语义相似性（使用意义相似的单词）。

（2）结构的简洁性：用问答环节的 Fog Index 来衡量，该指数反映了语言复杂性的两个重要方面，即句子长度（所使用的句子的平均长度）和单词复杂性（即包含三个或三个以上音节的单词数量）。指标计算方式如下：

$$\text{Fog Index} = 0.4 \times \left[\left(\frac{\text{total words}}{\text{total sentences}} \right) + 100 \times \left(\frac{\text{complex words}}{\text{total words}} \right) \right]$$

（3）表达的脱稿程度：比较高管在管理层讨论（MD）和问答环节这两部分电话会议中使用虚词（function words）的差异。这里，作者使用内容相似度来对这一指标进行量化。

【点评】对文本分析感兴趣的读者可以仔细阅读该研究，学习其中衡量文本特性的指标构建方法。

5. 调节变量

未来营收不确定性：用账面市值比（book-to-market ratio）这一指标进行衡量。具体而言，账面市值比较高的公司未来盈利面临更大的不确定性。

6. 控制变量

作者引入了诸多控制变量，包括公司规模（firm size）、资源冗余（firm slack）、公司业绩（firm performance）。此外，作者还控制了电话会议的相关特征因素，如电话会议通话时长（call length）、通话音调（call tenor），发布的公告是否出人意料，公告发布的影响等。为了控制其他因素对投资者决策的影响，作者还控制了股票收益波动（return volatility）、股票交易总量、分析师覆盖率（analyst coverage）等因素。

11.4　研究结果

作者提出的四个假设均得到了验证，数据结果显著支撑了作者提出的理论框架。除了对前文提出的四个假设进行验证，作者还提出，虽然该研究假设口头沟通的内容新颖性、结构简洁性和表达的脱稿程度对投资者决策的影响是相互独立的，但它们的影响也可能是相互依赖的，所以作者进一步补充分析了自变量之间是否存在交互作用。

11.5   该研究的局限性

作者在文中对表达的脱稿程度指标的衡量主要是基于对电话会议记录的文本进行分析，这样做的可靠性有待验证。作者同时也提出，未来应关注高管言语沟通过程中的一些特质，如高管语音语调、语速、停顿等，或是对非言语部分的信息，如面部表情、眼神交流、手势等进行研究。在这项研究中，作者关注了两个受众群体——投资者和分析师。实际上，公司还依赖其他受众（如记者和监管人员）来获得资源和支持。由于这些重要的利益相关者的信息需求往往不同于投资者，他们可能会关注不同类型的信息，因此探索高管言语沟通和不同受众决策之间的联系，可能会发现不同的结论。

另外，作者遵循之前的研究，使用买卖价差这个变量衡量投资者意见差异。不过，这只是体现投资者达成一致意见的总体水平的一个指标。作者在文末也提出，希望未来学者有更好的方法来衡量投资者意见趋同，如开展实验。

11.6   对该研究的思考

该研究的理论框架非常符合一个标准的实证研究范式（如图 11-7 所示），其中有以下几点值得学习。

其一，从概念细分的角度去构建理论。面对一个复杂的概念，如高管言语沟通，可以通过分解概念而引入不同维度，然后从各个维度入手逐一去建立解释机制，构建理论，这是该研究的一大亮点，也是我们在分析复杂概念之间关系时常用的方法。

其二，构建统一的理论框架。虽然该研究将高管言语沟通分解为三个小的概念，但是其解释机制是在同一个框架下完成，也就是借助信息数量和质量这两个中间机制来构建理论。这样可以极大地提高理论的解释力和逻辑一致性，避免从不同的理论视角入手来解释相关概念间关系而导致其中的潜在假设过多的问题。这样做还有一大好处就是在同一个理论框架下，解释机制的潜在假设是相同的。如果采用不同的理论视角构建不同的解释机制，那么就有可能出现不同解释机制中的潜在假设相互矛盾的问题，这样就会极大地降低理论的可靠性。

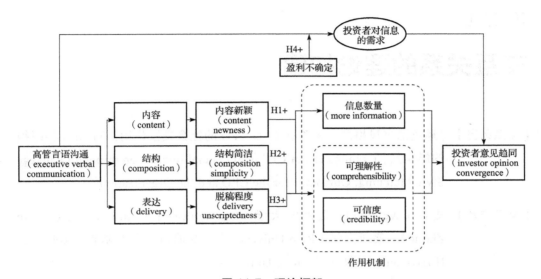

图 11-7　理论框架

　　其三，学科交叉是必要的。该研究虽然研究的是管理问题，借用的是管理学理论，但是在变量测量上借用了很多会计学领域的知识和方法。

第 12 章

交互关系的理论构建

【文章题目】 《通过语言风格匹配来验证 CEO-CFO 的社会交互作用：对 CFO 和组织的影响》（"Examination of CEO-CFO Social Interaction through Language Style Matching: Outcomes for the CFO and the Organization"）

【文章作者】 史伟（Wei Shi），迈阿密大学（University of Miami）；张燕（Yan Zhang），莱斯大学（Rice University）；罗伯特·霍斯基森（Robert E. Hoskisson），莱斯大学（Rice University）

【文章来源】 *Academy of Management Journal*，2019，62（2）：383-414（UTD24）

【文章概要】 该研究提出，CEO-CFO 语言风格匹配（LSM）——一种言语模仿形式，可以影响 CEO 和 CFO 之间的社会互动。作者认为 CEO-CFO 高水平的语言风格匹配反映了 CFO 强烈地讨好 CEO 的意图。由于对上级的逢迎会诱发上级对下属的积极评价，因此与 CEO 表现出较高语言风格匹配的 CFO 将获得更高的薪酬，并更有可能被提拔成公司的董事会成员。此外，当 CEO 权力更大时，二者间的关系将会加强。然而，在 CEO-CFO 语言风格高度匹配的情况下，CEO 任性的战略决策更会得到 CFO 的支持。

12.1　研究背景

1. 写给谁看

高阶理论表明，高层管理者之间的社会交互对公司战略决策至关重要。该研究不同于以往研究利用高管的人口统计特征来衡量社会交互，而是从衡量 CEO 与 CFO 之间的行为模仿视角来考察高管间的社会交互。作者研究 CEO 与 CFO 之间的社会交互对 CEO 行为的影响，如如何影响 CEO 对待 CFO 和制定战略决策。

【点评】 该研究开篇点明是立足于研究 CEO-CFO 的社会交互对 CFO 薪酬和企业并购决策的影响，目的在于回答有关 CEO-CFO 社会交互的经济后果的问题。这是公司战略领域的重点话题，即关注公司高管之间的行为交互对公司治理、决策产生的影响。

2. 我们知道什么

现有关于高管社会互动的研究都是利用高管的人口统计特征来推断高管间的社会交互过程的。这些研究认为高管特征的异质性（如年龄、性别、学历等方面的差异）反映了其认知上的异质性，这一异质性虽然能提升高管团队的创新、解决问题的能力及决策信息多元化，但同时也会增加高管之间的矛盾和合作成本，使高管之间减少交流，不利于提升团队凝聚力。然而，采用高管特征异质性衡量社会交互及将整个高管团队作为研究对象受到了很多学者的质疑，Hambrick（2007）提议应该研究高管团队中子团队的社会交互。CEO 与 CFO 之间的互动就是一个重点研究的领域。

已有研究表明行为模仿会产生个人和社会层面的后果。在个人层面，模仿另一方的行为可以更有效地说服对方获得信任；在社会层面，行为模仿可以提升双方之间的喜欢程度、信任、共鸣和合作关系。也有学者关注其前因，指出交互对象之间的人际关系能影响行为模仿。

在行为模仿方面，心理学家利用语言风格匹配程度来衡量行为模仿程度（Ireland、Pennebaker，2010；Niederhoffer、Pennebaker，2002）。语言风格匹配是指语言中虚词使用的匹配程度。虚词的使用是无意识的，不容易被操纵，与环境无关并且在不同的情景下会保持一致。这一点很重要，使得可以通过衡量 CEO-CFO 的语言风格匹配程度来捕捉他们之间的社会交互过程。已有研究表明，个体更可能去模仿那些比自己权力更大的人的行为，对 CEO-CFO 组合来说，CEO 有着更大的权力，因此 CFO 更有可能去模仿 CEO，故而那些有强烈动机去讨好 CEO 的 CFO 会与 CEO 保持更高程度的语言风格匹配。

【点评】作者通过回顾有关高管社会交互的研究，总结现有研究的进展，并引出现有研究存在的问题。

3. 我们不知道什么

目前，并没有学者研究 CEO-CFO 之间的语言风格匹配程度对 CEO 决策的影响，而这是高层梯队、公司治理研究所关心的热点话题。

4. 这会有何影响

将高管团队作为一个整体研究有所不当，因为并不是所有高管对企业的战略决策产生的影响是等同的，并且团队成员之间也会存在各种私人关系而影响高层决策的制定，故而应该研究高管团队中子团队对公司决策所产生的影响（Hambrick，2007）。另外，从现实来看，CEO 和 CFO 作为企业的重要管理者，二者之间的社会交互关系会对企业产生重要影响。从公司治理角度而言，董事会也需要知道高管之间的交互关系会对企业产生怎样的影响，以及如何识别高管之间的交互关系。

5. 如何解决这一问题

本文研究 CEO-CFO 之间的交互关系。这里的难点在于如何衡量这种交互关系。作者借鉴心理学相关研究，采用行为模仿中的语言风格匹配（LSM）来衡量 CEO 与 CFO 之间的社会交互。语言风格的匹配是指虚词的匹配，不同于内容词反映的是人们所说的内容（what），虚词反映的是人们说话的风格（how），虚词的使用一般是无意识的，在不同的环境下基本保持一致。不同人使用虚词的习惯不尽相同，这为衡量 CEO-CFO 的社会交互提供了一个新的视角。

作者认为由于 CEO 能决定 CFO 的薪酬及在董事会的去留，影响 CFO 的职业发展，所以 CFO 有模仿 CEO 以增强二者之间凝聚力的动机，并且这种模仿行为最终会导致 CFO 获得更高的薪酬及更有可能成为董事会成员。正因如此，CEO 在制定兼并收购决策时因为少了 CFO 的质疑而更为冒进，导致并购绩效更差。

【点评】该研究构建解释 CEO-CFO 的语言风格匹配如何影响 CEO 行为的机制。这一问题的难点有二：其一，如何衡量语言风格匹配；其二，如何建立语言风格匹配与 CEO 行为之间的因果关系，这需要找到一个恰当的场景。作者提供了巧妙的解决方案，从而做出明确的创新。

6. 贡献在哪儿

该研究的贡献体现在以下几个方面。

（1）提供了一个新的衡量 CEO-CFO 社会交互的方法。不同于以往研究利用高管的人口统计特征来推断社会交互，该文采用 CEO 与 CFO 之间的语言风格匹配来衡量社会交互而提供了一个新的方法。

（2）关注高管团队中的子团队（CEO-CFO）。与以往研究侧重于 CEO 个体层面或整个高管团队的研究不同，该研究关注高管团队的一个重要子团队即 CEO 与 CFO 之间的互动关系。研究高管团队的子团队可以更准确地把握高管团队对企业战略决策的影响，从而提高高阶理论的预测能力（Hambrick，2007）。

（3）强调了下属对上级监督的重要性。尽管下属可能无法直接监督 CEO，但他们与 CEO 的社会交互可能会对公司治理产生影响。不愿挑战 CEO 的下属不太可能在自下而上的治理中发挥积极作用，从而可能会附和 CEO 制定损害股东利益的公司决策。

（4）提供新的决定高管薪酬和董事会任命的影响因素。本文研究结果表明，CFO 与处于公司权力中心的人（CEO）的社会交互关系对前者的薪酬和在董事会的任命有重要影响。

（5）扩展了兼并收购方面的研究。该研究结果表明，当 CFO 试图讨好 CEO 时，CEO 更有可能增加并购强度，但这种并购活动往往质量低下。

【点评】该研究罗列了五个创新点，其中最为重要的是前两个，即围绕高管团队，从 CEO-CFO 的交互关系入手，通过巧妙的概念操作化方法（变量测量），研究了这种交互关系产生的后果。这为推进对高管团队治理的认识、更准确地识别高管间的交互行为提供了思路。

12.2　理论构建

1. 概念模型与研究假设

该研究的假设框架如图 12-1 所示。

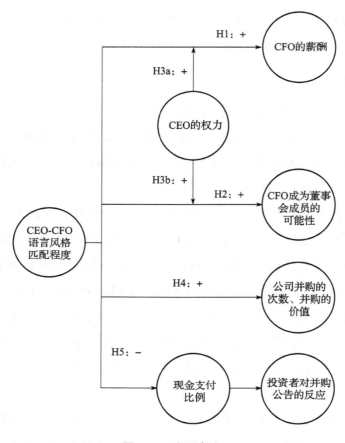

图 12-1　假设框架

作者共提出六个假设，具体如下。

（1）H1：CEO 与 CFO 的语言风格匹配程度与 CFO 的薪酬水平正相关。

（2）H2：CEO 和 CFO 的语言风格匹配程度与 CFO 成为公司董事会成员的可能性正相关。

（3）H3a：当 CEO 权力越大时，CEO 与 CFO 的语言风格匹配程度与 CFO 薪酬水平之间的正相关关系越强。

（4）H3b：当 CEO 权力越大时，CEO 和 CFO 的语言风格匹配程度与 CFO 成为公司董事会成员的可能性之间的正相关关系越强。

（5）H4：CEO 与 CFO 的语言风格匹配程度与（a）公司并购次数和（b）并购价格正相关。

（6）H5：CEO 与 CFO 的语言风格匹配程度与投资者对并购公告的反应负相

关，并且并购中现金支付的比例在一定程度上中介了这种负向关系。

【点评】该研究的假设包括两个模块，一是考察 CEO-CFO 匹配对 CFO 薪酬、聘任的影响，这属于公司内部管理的范畴；二是考察 CEO-CFO 匹配对公司并购决策的影响，这属于公司经营管理的范畴。两个模块看起来是相互割裂的，并没有明确的关系表明要把这些假设放到一起，但换个角度来看，无论是 CFO 的薪酬、聘任，还是公司并购等，其决策过程中 CEO 都发挥着核心作用。那么，该研究实际上考察的是 CFO 对 CEO 的讨好（CEO-CFO 的语言风格匹配）如何影响到 CEO 的行为，体现在内部管理和企业经营两个方面。

2. 假设 H1 和假设 H2 解释机制：CEO-CFO 的语言风格匹配与 CFO 薪酬和成为董事间关系

CEO-CFO 的语言风格匹配主要是由 CFO 想要讨好 CEO 的动机所驱使的。社会动机是决定模仿是否发生及在多大程度上发生的关键决定因素。根据模仿的特性，个体可能会模仿权力更大的人，而不是权力小的人。对 CEO-CFO 这一组合来说，由于 CEO 拥有比 CFO 更大的权力，CFO 更可能通过模仿 CEO 来建立融洽的关系。那么，CFO 模仿 CEO，如该研究所关心的语言风格上的模仿，又会产生怎样的影响？这是该研究关注的问题。

该研究针对假设 H1 和假设 H2 提出了图 12-2 的逻辑框架。作者在论述这一逻辑关系时，首先说明 CEO-CFO 的语言风格匹配程度如何影响 CEO 对 CFO 的认可，即逻辑链条的第一个环节，随后说明 CEO 对 CFO 的认可如何影响 CFO 的薪酬和聘任，即逻辑链条的第二个环节。

图 12-2　CEO-CFO 的语言风格匹配与 CFO 薪酬和成为董事间关系的逻辑链条

（1）CEO-CFO 的语言风格匹配→CEO 对 CFO 的认可。作者提出 CEO-CFO 的语言风格匹配体现了 CFO 对 CEO 的讨好，而已有研究表明，对上级的讨好行为会增加获得上级肯定评价的可能性（Judge、Bretz，1994；Westphal、

Stern，2006）。因此，CEO 与 CFO 的语言风格匹配可以增强 CEO 对 CFO 的认可。

（2）CEO 对 CFO 的认可→CFO 薪酬和成为董事会成员的可能性。对于逻辑链条上的第二个环节，作者首先解释了 CEO 对 CFO 的认可如何影响 CFO 的薪酬。尽管 CFO 的薪酬通常由董事会的薪酬委员会决定，但 CEO 通常在公司董事会任职，他们可以向薪酬委员会提出 CFO 的薪酬建议。此外，CEO 作为 CFO 的直接上级，对 CFO 的绩效进行评估，这种评估可以作为薪酬委员会决定 CFO 薪酬的重要依据。鉴于 CEO 能影响 CFO 的薪酬，当 CFO 获得 CEO 的肯定评价时，薪酬会随之提升。

接下来，作者解释了 CEO 对 CFO 的认可如何影响 CFO 成为董事会成员的可能性。CEO 可以向公司的董事会提名委员会推荐 CFO，大大增加 CFO 被任命为董事会成员的可能性。此外，CFO 也有强烈的成为董事会成员的动机，因为董事会的职位可以为 CFO 提供额外的权力与影响力。基于以上两点，当 CEO 认可 CFO 时，CFO 成为董事会成员的可能性提高。故而，该研究提出假设 H1 和假设 H2。

假设 H1：CEO 与 CFO 的语言风格匹配程度与 CFO 的薪酬水平正相关。

假设 H2：CEO 和 CFO 的语言风格匹配程度与 CFO 成为公司董事会成员的可能性正相关。

【**点评**】这两个主假设的逻辑并不难理解，而且是比较生活化的问题，因此容易产生联想和形成生动的生活画面。我们比较容易理解如果想讨好一个人就模仿他说话而获得对方的好感。

3. 对假设 H1 和假设 H2 逻辑链条上潜在假设的讨论

假设 H1 和假设 H2 的逻辑机制中，在第二个逻辑链条上存在一个潜在假设就是 CEO 有权力在公司中按照自己的意愿行事。然而，如果 CEO 缺乏这样的权力，即使 CEO 对 CFO 认可，也不一定能提升 CFO 的薪酬或推动 CFO 成为董事会成员。据此，作者放松这一潜在假设而提出 CEO 权力作为调节变量，其发挥作用的逻辑机制如图 12-3 所示。

CEO 对 CFO 的认可→CFO 薪酬和成为董事间关系的潜在假设：CEO 的

权力。权力大的 CEO 能有更大的自主权按照个人意愿来行事，故而当 CEO 认可 CFO 时，就能更容易提高 CFO 的薪酬。同样地，权力大的 CEO 对董事会的组成 也施加着重要影响。Westphal 和 Zajac（1995）的研究结果表明，权力大的 CEO 在新董事的选择上有更大的发言权。由此，该研究提出如下假设。

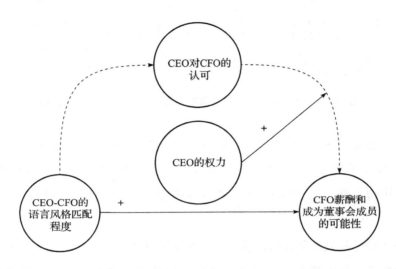

图 12-3 CEO-CFO 的语言风格匹配与 CFO 薪酬和成为董事间关系的调节机制

假设 H3a： 当 CEO 权力越大时，CEO 与 CFO 的语言风格匹配程度与 CFO 薪酬水平之间的正相关关系越强。

假设 H3b： 当 CEO 权力越大时，CEO 和 CFO 的语言风格匹配程度与 CFO 成为公司董事会成员的可能性之间的正相关关系越强。

【点评】该研究引入调节因素也是从放松主假设逻辑机制中的潜在假设入手，目的在于提升理论的解释力。除此之外，此处还有其他一些潜在假设，如在逻辑链条的第一个环节，作者假定 CEO 都是喜欢被 CFO 讨好的，能从 CFO 的语言模仿中感受到 CFO 的讨好行为等。然而，这些潜在假设也不必然成立，从而也为我们提供了引入其他调节因素的思路。

4. 假设 H4 和假设 H5 解释机制：CEO-CFO 的语言风格匹配对并购的影响

假设 H1 ～假设 H3 均认为 CEO-CFO 的语言风格匹配对 CFO 来说会产生积

极的影响，即会增加 CFO 的薪酬及成为董事会成员的可能性，但这种语言风格的匹配会对企业层面产生什么影响呢？在这一部分该研究对此进行了分析，此部分的逻辑框架如图 12-4 所示。

图 12-4　CEO-CFO 的语言风格匹配对并购的影响逻辑链条

作者在论述这一逻辑关系时，首先说明 CEO-CFO 的语言风格匹配程度如何影响 CFO 服从 CEO，即逻辑链条的第一个环节，随后说明 CFO 服从 CEO 如何影响并购次数、并购价格及并购中现金支付的比例，即逻辑链条的第二个环节。

（1）**CEO-CFO 的语言风格匹配→CFO 服从 CEO**。该研究基于角色理论对逻辑链条的第一个环节进行了解释。角色理论认为正式组织中的角色意味着一定的社会地位（Biddle，1986）。在一家企业的高管中，CEO 扮演着领导者的角色，他们会为企业寻找新的商业机会，为组织的发展制定议程和方向，而其他的高管则通过为 CEO 的决策提供一些关键信息来发挥辅助的作用。在 CEO-CFO 组合中，CEO 决定企业的愿景，而 CFO 则要敦促 CEO、谨慎地表达不同意见，并使 CEO 意识到风险的存在。

如前文所述，CEO-CFO 的语言风格匹配反映了 CFO 讨好 CEO 的意愿。CEO-CFO 的语言风格匹配程度越高，表示 CFO 越试图讨好 CEO，因此这时 CFO 不太可能与 CEO 发表不同的意见，而会倾向于服从 CEO。

（2）**CFO 服从 CEO→并购次数、并购价格和并购中现金支付比例**。已有研究表明，CEO 从下属那里得到的一致性意见能够提升他们的自我认可，导致他们高估自己的能力。当 CFO 服从 CEO 而不愿意与 CEO 发表不同意见时，CEO 可能得不到 CFO 的建设性意见，在决策过程中面临较少的约束。并购存在很高的风险，那些高估自身判断和能力的 CEO 更有可能进行密集的并购，支付更高的价格，并且支付更多的股票和更少的现金（支付高比例股票、低比例现金意味着并购存在高风险）。据此，作者提出假设 H4。

假设 H4：CEO 与 CFO 的语言风格匹配程度与（a）公司并购次数和（b）并购价格正相关。

并购交易中支付股票的风险高于支付现金，并且会被投资者认为交易的质量不高。并购方通常有两种支付目标公司的方式：现金和股票。用股票支付意味着交易中涉及的任何风险都由目标公司的投资者承担。而当并购方以较高比例的现金支付给目标公司时，这就向投资者发出了一个信号，即管理者对交易的质量有着强烈的信念，并对收购后的业绩有很高的期望。相比之下，股票支付与更高的风险相关，反映了并购方对从交易中创造协同价值缺乏信心。因此，与主要以股票支付的交易相比，主要以现金支付的交易会被投资者认为质量更高。因此，当现金支付比例较低时，投资者会有负面的反应。据此，作者提出如下假设。

假设 H5：CEO 与 CFO 的语言风格匹配程度与投资者对并购公告的反应负相关，并且并购中现金支付的比例在一定程度上中介了这种负向关系。

【点评】在并购的情景下，作者分析了 CEO-CFO 的语言风格匹配如何导致 CEO 在并购决策中的过度自信行为，其主要原因在于 CFO 没有发挥监督作用，而是附和 CEO。这是假设 H4 的主要逻辑。而假设 H5 提出了一个中介关系假设，从投资者反应角度验证 CEO 并购决策的低效。

12.3　研究设计

1. 数据与样本

该研究的样本选自 Thomson Reuters Street Events Database 中 2002 ～ 2013 年所有的电话会议记录。作者从 Compustat 数据库获得公司的会计数据，从 CRSP 数据库获得股票收益数据，从 Capital IQ People Intelligence、MorningStar Historical Governance 和 BoardEx 数据库中获得 CEO 和 CFO 人口统计特征数据。并购数据来自 SDC 并购数据库。最终得到 2 384 个研究样本。

2. 变量测量

（1）**自变量**。借鉴 Ireland 等（2011）的方法，CEO 与 CFO 之间的语言风格匹配程度（LSM）通过虚词的使用来衡量，其中虚词被分为九类。CEO-CFO 语言风格匹配程度计算公式如下：

$$LSM_{prep} = 1 - [(|preps_{CEO} - preps_{CFO}|)/(preps_{CEO} + preps_{CFO} + 0.001)]$$

其中，$preps_{CEO}$ 和 $preps_{CFO}$ 分别代表 CEO 和 CFO 使用虚词的百分比。在分母中，添加 0.001 以防止出现分母为 0。将九个类别的语言风格相似性得分相加，得到一个综合 LSM 分数，数值越大，CEO 和 CFO 之间的 LSM 水平越高。

（2）**因变量**。该研究的被解释变量有四个。

CFO 薪酬等于 CFO 的所有薪酬总和取对数，包括工资、奖金、授予的期权、限制性股票和其他薪酬等。CFO 董事表示当 CFO 成为公司的董事会成员时，CFO 董事变量的值为 1，否则为 0。

并购数量是指一年内公司宣布的并购总数。

并购价格是指一年内这些并购交易的总价值。

没有发生并购的公司并购次数和并购价格变量均赋值为 0。

投资者对并购公告的反应采用标准事件研究方法，通过计算累计异常收益（CARs）来衡量。并购支付方式用并购交易中现金支付的比例来衡量。

（3）**调节变量**。该研究创建了一个由五个变量组成的复合指标来衡量 CEO 权力：CEO 任期、CEO 两职兼任、董事会独立性、CEO 的股权、CEO 所任命的董事比例。作者将这五个变量标准化，并将它们结合起来，形成衡量 CEO 权力的复合指数。

（4）**控制变量**。该研究针对不同的假设选取了不同的控制变量，具体如表 12-1 所示。

表 12-1　控制变量

控制变量		衡量方式	H1	H2	H3a,H3b	H4	H5
公司层面	CEO-CFO LCM（语言风格匹配程度）	依掌 Loughran 和 McDonald（2011）出版的积极、消极词汇词典来捕捉 CEO-CFO 的 LCM	√	√	√	√	√
	公司规模	总资产的自然对数	√	√	√	√	√
	公司绩效	ROA	√	√	√	√	√
	现金及现金等价物持有比例	（现金+短期投资）/总资产	√	√	√	√	√
	负债率	（长期负债+流动负债）/总资产	√	√	√	√	√
	董事会独立性	非执行董事人数/董事会规模	√	√	√		
CFO个人层面	CFO的年龄	CFO的实际年龄	√	√	√		
	CFO的性别	男性取"1"，女性取"0"	√	√	√		
	CFO任期	成为CFO的年数	√	√	√		
	CFO教育水平	本科为"1"，硕士为"2"，博士为"3"	√	√	√		
	CFO董事	CFO是否为董事会成员，"1"代表是，"0"代表不是	√	√	√		
	CFO期权支付的比例	CFO年度期权奖励总额/薪酬总额	√			√	√
	CFO的股权	CFO持股数量/未发行股份总数	√			√	√
CEO-CFO人口统计背景层面	CEO-CFO年龄差异	CEO与CFO年龄差异绝对值的自然对数	√	√	√	√	√
	CEO-CFO同一性别	同一性别为"1"，反之为"0"	√	√	√	√	√
	CEO-CFO任期重叠	CEO与CFO任期的时间	√	√	√	√	√
	CEO-CFO相同教育水平	相同教育水平为"1"，否则为"0"	√			√	√
CEO个人层面	CEO两职兼任	CEO同时为董事长为"1"，否则为"0"	√			√	√
	CEO任命的董事	在CEO任期内任命的公司董事	√			√	√
	CEO期权支付的比例	CEO年度期权奖励总额/薪酬总额	√			√	√
	CEO的股权	CEO持股数量/未发行股份总数	√			√	√
	CEO更替	有CEO更替为"1"，没有为"0"	√		√		√
交易层面	关联交易	并购方与目标方同处一个行业为"1"，否则为"0"	√				√
	恶意收购	恶意收购为"1"，否则为"0"	√				√
	目标公司是否上市	上市为"1"，否则为"0"	√				√
	并购方与目标方的相对规模	并购交易价值/并购方市场价值	√				√
	并购经验	并购方在过去四年内完成的并购次数取自然对数+1	√				√
	Fama French 48 行业固定效应	由 Fama 和 French（1997）提出的并购次数取的行业固定效应				√	
	CEO或CFO的更替	CEO 或 CFO 发生更替为"1"，反之为"0"			√		√
	年度固定效应	年度固定效应	√				√

12.4　研究结论

　　该研究提出通过分析高层管理人员之间的语言风格匹配为理解他们之间的社会互动过程提供重要线索。实证研究发现，CEO-CFO 语言风格匹配程度与 CFO 薪酬和其成为公司董事会成员正相关。当 CEO 权力很大时，这些影响尤其强烈。该研究还发现，CEO-CFO 语言风格匹配程度较高的公司会进行更多的并购，但并购支付的现金比例较低，导致投资者对并购产生负面反应。研究结果表明，CFO 讨好 CEO（由 CEO-CFO 语言风格匹配程度所反映）可以使 CFO 受益，但会损害企业在并购中的价值创造。

12.5　该研究的局限性

　　文献的最后，作者对该研究的局限性做了讨论，并指出未来可进一步研究的方向。

　　（1）该研究侧重于 CEO-CFO 的关系，但此方面的研究也可以拓展为研究 CEO 和其他高管之间的社会互动。例如，CEO 和 CTO（首席技术官）之间的社交互动可能会损害公司研发质量，而 CEO 和 CMO（首席营销官）之间的互动可能会损害公司的营销决策质量。此外，未来的研究也可以检验非 CEO 高管（如 COO-CFO）之间的社会互动是否及如何起作用。

　　（2）基于行为模仿的研究，作者认为 CEO-CFO 的言语模仿主要反映了 CFO 对 CEO 的讨好，实证结果也证实了这一点。然而，未来的研究可以通过问卷调查收集 CEO-CFO 的行为模仿动机，进一步厘清是 CEO 的个人魅力还是 CFO 对 CEO 的讨好主要影响 CEO-CFO 的语言模仿行为。

　　（3）该研究的研究重点在 CEO-CFO 无意识的语言模仿上，并没有考察行为模仿。未来的研究可以测量 CEO-CFO 在公开采访中的面部模仿行为，并考察面部模仿是否也能为解释他们的决策行为提供依据。

　　（4）研究高管之间的语言模仿如何影响第三方反应也很重要。未来的研究可以调查 CEO-CFO 的语言模仿是否影响分析师对公司的评价，还可以通过实验来检验 CEO-CFO 的语言模仿是否会影响 CEO 对 CFO 的评价。

12.6　对该研究的思考

　　本文为研究高管之间的交互行为提供了很好的理论建构思路。在关于高管之间交互行为的理论构建中，以下几点值得注意。

　　（1）需要明确这一交互关系是如何产生的，内在逻辑如何。例如，在该研究中，CEO 与 CFO 的语言风格匹配便是由 CFO 想要讨好 CEO 这一强烈的动机带来的，因此 CEO-CFO 的语言风格匹配程度越高，体现了 CFO 越去讨好 CEO。只有明确了交互关系产生的内在逻辑，才能对这一交互关系所能产生的结果进行下一步的分析。进一步研究需要明晰语言风格匹配产生的原因从而给出直接证据，对其他类型的交互关系研究亦是如此。

（2）在解释交互关系所产生的后果的理论构建中，需要明确交互的双方或多方所扮演的角色是什么，由此才能明确此交互作用能对企业的哪种行为产生影响。例如，该研究的交互双方为 CEO 和 CFO，在关于 CEO-CFO 的语言风格匹配的后果分析中作者以并购为例，这是因为在并购中起到最重要作用的两位高管为 CEO 与 CFO，因此 CEO-CFO 的语言风格匹配对并购会产生影响。同样，当交互的双方为其他高管时，如 CEO 与 CSO（corporate sustainability officer，公司可持续发展官），二者共同负责企业的社会责任事务，CEO 与 CSO 之间的交互也会对企业社会责任产生一定影响。

（3）在管理问题的研究中，当关于某一概念的操作化及测量存在许多疑问时，就需要寻找新的、更可靠的方法重新对这一概念进行操作化。解决这些质疑的一种方法就是通过阅读、积累其他领域（如心理学领域）的文献来寻找更微观、直接、准确的方式来测量某一变量，并且要将使用这一测量方式的理由解释清楚。例如，该研究采用 CEO-CFO 的语言风格匹配程度来衡量二者之间的社会交互，其理由为：已有研究表明语言风格的匹配反映了两个人的虚词使用在多大程度上保持一致，而虚词的使用是无意识的，与语言内容无关，并且一个人的语言习惯通常在不同情境下会保持一致，因此如果两个人的语言风格匹配（虚词使用匹配），那么则表明二者中有一方在刻意模仿另一方，这也就暗示了二者之间的社会互动关系。

（4）构建理论解释概念之间发生作用关系的逻辑链条。例如，作者就是基于行为模仿、权力和角色理论的视角，提出 CEO-CFO 语言风格匹配程度影响 CEO 如何对待 CFO 是因为 CFO 的语言行为模仿能使 CFO 得到 CEO 正面的评价，从而有助于 CFO 得到更高的薪酬、更有可能成为董事会成员；而 CEO-CFO 语言风格匹配程度表明 CFO 服从 CEO，使得 CFO 不会反对 CEO 的决策，导致 CEO 会任性地推动企业进行更为密集的并购活动。

综上，我们可以发现做研究特别需要深入地去挖掘核心概念的内在含义，并且分析概念间的内在影响是怎么传导过来的（如图 12-5 所示），然后根据内在的逻辑关系构建理论，形成假设。

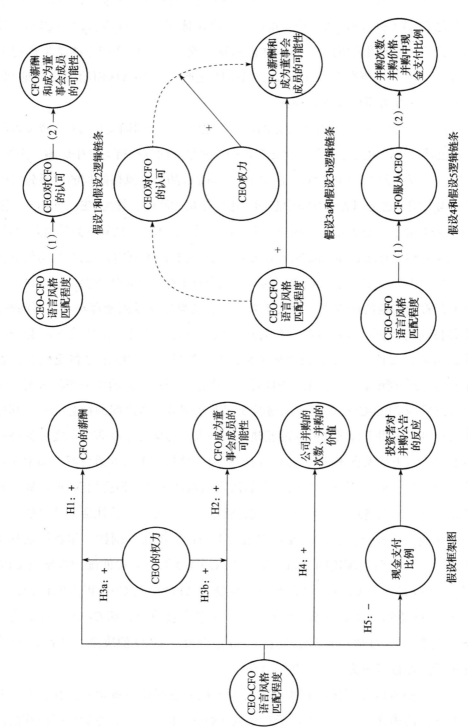

图 12-5　假设与逻辑链条